bibliocollège

Tristan et Iseult

TRADUCTION DE JOSEPH BÉDIER

Présentation de l'auteur et dossier Bibliocollège
par Natacha TOILLON,
professeur en collège,

Résumés, notes et questionnaires
par Marina GHELBER,
professeur en collège.

Dossier pédagogique téléchargeable gratuitement sur :
www.enseignants.hachette-education.com

hachette s'engage pour l'environnement en réduisant l'empreinte carbone de ses livres.
Celle de cet exemplaire est de :
250 g éq. CO_2
Rendez-vous sur
www.hachette-durable.fr

PAPIER À BASE DE
FIBRES CERTIFIÉES

ISBN : 978-201-706464-0

© Hachette Livre, 2019, 58 rue Jean Bleuzen, CS70007, 92178 Vanves cedex.
www.parascolaire.hachette-education.com

Tous droits de traduction, de reproduction et d'adaptation réservés pour tous pays.
Le Code de la propriété intellectuelle n'autorisant, aux termes des articles L.122-4 et L.122-5, d'une part, que les « copies ou reproductions strictement réservées à l'usage privé du copiste et non destinées à une utilisation collective », et, d'autre part, que « les analyses et les courtes citations » dans un but d'exemple et d'illustration, « toute représentation ou reproduction intégrale ou partielle, faite sans le consentement de l'auteur ou de ses ayants droit ou ayants cause, est illicite ».
Cette représentation ou reproduction, par quelque procédé que ce soit, sans autorisation de l'éditeur ou du Centre français d'exploitation du droit de copie (20, rue des Grands-Augustins, 75006 Paris), constituerait donc une contrefaçon sanctionnée par les articles 425 et suivants du Code pénal.

Sommaire

❶ Les auteurs

- L'essentiel sur les auteurs 4
- Les origines de l'œuvre 5

❷ *Tristan et Iseult* (Extraits et questionnaires)

- Chapitre 1 11
- Chapitre 2 22
- Chapitre 3 31
- Chapitre 4 38
- Chapitre 5 (résumé) 46
- Chapitre 6 47
- Chapitre 7 52
- Chapitre 8 60
- Chapitre 9 (résumé) 65
- Chapitre 10 66
- Chapitre 11 73
- Chapitre 12 à 14 (résumés) 77
- Chapitre 15 79
- Chapitre 16 (résumé) 89
- Chapitre 17 90
- Chapitre 18 (résumé) 100
- Chapitre 19 101

❸ Dossier Bibliocollège

- L'essentiel sur l'œuvre 120
- L'œuvre en un coup d'œil 121
- Contexte : Le Moyen Âge 122
- Genre : Roman courtois et récit de chevalerie 124
- Groupement de textes : Chevalerie d'hier et d'aujourd'hui 126
- Et par ailleurs… 133

L'essentiel sur les auteurs

Au Moyen Âge, les chanteurs et poètes ambulants (jongleurs) racontent les histoires, notamment celle de Tristan et Iseult, dans les villages ou les cours des seigneurs.

Au XIIe siècle, plusieurs auteurs écrivent diverses versions de *Tristan et Iseult* : **Béroul** un jongleur, **Thomas d'Angleterre** un homme de lettres, et **Marie de France** la première femme écrivain en langue française.

**JOSEPH BÉDIER
(1864-1938)**

La légende de Tristan et Iseult a été largement diffusée en Europe. Mais aucun ouvrage ne la présentait intégralement. **Joseph Bédier**, médiéviste du XXe siècle, a compilé plusieurs fragments pour réaliser cette version complète.

Les origines de l'œuvre

Les troubadours (dans le Sud de la France) et les trouvères (dans le Nord) composaient des textes qui étaient interprétés par eux ou par des jongleurs, avec un accompagnement musical. Au temps du roi Louis VII (XIIe siècle), le royaume de France est assez petit. Henri II Plantagenêt, marié à Aliénor d'Aquitaine, possède de nombreux territoires en France. Il devient roi d'Angleterre en 1154.

Les troubadours et trouvères étaient invités chez les seigneurs pour distraire les nobles, avec des chants et des récits.

De nombreuses versions de Tristan et Iseult existent,
dont celle de Béroul, un poète normand de la même époque que Thomas.
C'est une histoire très répandue et très appréciée.

J'ai entendu hier soir Béroul conter la légende de Tristan et Iseult. Son interprétation est assez violente, la rivalité entre Marc et Tristan est très présente.

1180.
Marie de France se passionne aussi pour l'histoire funeste de Tristan et Iseult.

Majesté, j'écris actuellement des lais : ce sont de courts poèmes sur Tristan et Iseult. J'intitulerai celui-ci « le lai du chèvrefeuille ».

Les origines de l'œuvre

Tristan et Iseult

Tristan et Iseult

Les personnages : généalogie

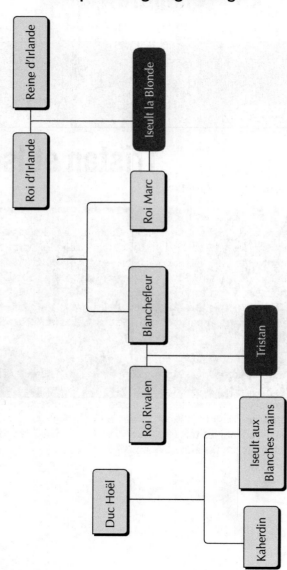

Chapitre 1

LES ENFANCES DE TRISTAN

[Au temps où le roi Marc régnait en Cornouailles, de puissants ennemis attaquent ses terres. Rivalen, roi du Loonnois, lui porte secours si vaillamment que, pour le récompenser, le souverain lui donne comme épouse Blanchefleur, sa sœur. À peine sont-ils mariés que le royaume de Loonnois est, à son tour, menacé par un ennemi de toujours, le duc Morgan. Rivalen confie la jeune femme, enceinte, à son fidèle maréchal, Rohalt le Foi-Tenant, et part combattre son adversaire. Hélas, il ne survit pas à cette guerre.

Blanchefleur donne naissance à un fils qu'elle appelle Tristan, en raison des tristes circonstances qui ont entouré sa naissance. Ensuite, n'ayant jamais pu se consoler de la perte d'un époux tendrement aimé, elle s'éteint de chagrin. Rohalt accueille l'orphelin et, comme le duc Morgan avait envahi les terres du Loonnois, le maréchal fait passer Tristan pour son propre fils afin de le protéger.]

Scène d'accouchement.
Miniature du *Passe-Temps de
tout homme et de toute femme*
par G. Alexis, vers 1505.

Après sept ans accomplis, lorsque le temps fut venu de le reprendre aux femmes, Rohalt confia Tristan à un sage maître, le bon écuyer[1] Gorvenal. Gorvenal lui enseigna en peu d'années les arts qui conviennent aux barons. Il lui apprit à manier la lance, l'épée, l'écu[2] et l'arc, à lancer des disques de pierre, à franchir d'un bond les plus larges fossés ; il lui apprit à détester tout mensonge et toute félonie[3], à secourir les faibles, à tenir la foi donnée ; il lui apprit diverses manières de chant, le jeu de la harpe et l'art du veneur[4] ; et quand l'enfant chevauchait parmi les jeunes écuyers, on eût dit que son cheval, ses armes et lui ne formaient qu'un seul corps et n'eussent jamais été séparés. À le voir si noble et si fier, large des épaules, grêle[5] des flancs, fort, fidèle et preux[6], tous louaient Rohalt parce qu'il avait un tel

Notes

1. **écuyer** : gentilhomme au service d'un chevalier.
2. **écu** : bouclier.
3. **félonie** : traîtrise.
4. **veneur** : officier qui s'occupe des chasses à courre (à cheval).
5. **grêle** : mince.
6. **preux** : très courageux.

fils. Mais Rohalt, songeant à Rivalen et à Blanchefleur, de qui revivaient la jeunesse et la grâce, chérissait Tristan comme son fils, et secrètement le révérait[1] comme son seigneur[2].

Or, il advint que toute sa joie lui fut ravie, au jour où des marchands de Norvège, ayant attiré Tristan sur leur nef[3], l'emportèrent comme une belle proie. Tandis qu'ils cinglaient[4] vers des terres inconnues, Tristan se débattait, ainsi qu'un jeune loup pris au piège. Mais c'est vérité prouvée, et tous les mariniers le savent : la mer porte à regret les nefs félonnes, et n'aide pas aux rapts[5] ni aux traîtrises. Elle se souleva furieuse, enveloppa la nef de ténèbres, et la chassa huit jours et huit nuits à l'aventure. Enfin, les mariniers aperçurent à travers la brume une côte hérissée de falaises et de récifs[6] où elle voulait briser leur carène[7]. Ils se repentirent[8] : connaissant que le courroux[9] de la mer venait de cet enfant ravi à la male[10] heure, ils firent vœu de le délivrer et parèrent[11] une barque pour le déposer au rivage. Aussitôt tombèrent les vents et les vagues, le ciel brilla, et, tandis que la nef des Norvégiens disparaissait au loin, les flots calmés et riants portèrent la barque de Tristan sur le sable d'une grève[12].

À grand effort, il monta sur la falaise et vit qu'au-delà d'une lande vallonnée et déserte, une forêt s'étendait sans fin. Il se lamentait[13], regrettant Gorvenal, Rohalt son père, et la terre de Loonnois, quand le bruit lointain d'une chasse à cor et à cri réjouit son cœur. Au bord de la forêt, un beau cerf déboucha. La meute et les veneurs dévalaient sur sa trace à grand bruit de

---

Notes

1. **révérait** : respectait.
2. **seigneur** : maître dans les relations féodales du Moyen Âge.
3. **nef** : grand navire à voiles du Moyen Âge.
4. **cinglaient** : naviguaient.
5. **rapts** : enlèvements.
6. **récifs** : rochers dans la mer.
7. **carène** : partie immergée de la coque d'un navire.
8. **ils se repentirent** : ils regrettèrent leur action.
9. **courroux** : colère.
10. **male** : malheureuse.
11. **parèrent** : mirent à l'eau.
12. **grève** : plage.
13. **il se lamentait** : il se plaignait de son sort.

voix et de trompes[1]. Mais, comme les limiers[2] se suspendaient déjà par grappes au cuir de son garrot[3], la bête, à quelques pas de Tristan, fléchit sur les jarrets[4] et rendit les abois[5]. Un veneur la servit de l'épieu[6]. Tandis que, rangés en cercle, les chasseurs cornaient de prise[7], Tristan, étonné, vit le maître veneur entailler largement, comme pour la trancher, la gorge du cerf. Il s'écria :

« Que faites-vous, seigneur ? Sied-il de découper si noble bête comme un porc égorgé ? Est-ce donc la coutume de ce pays ?

— Beau frère, répondit le veneur, que fais-je là qui puisse te surprendre ? Oui, je détache d'abord la tête de ce cerf, puis je trancherai son corps en quatre quartiers que nous porterons, pendus aux arçons[8] de nos selles, au roi Marc, notre seigneur. Ainsi faisons-nous ; ainsi, dès le temps des plus anciens veneurs, ont toujours fait les hommes de Cornouailles. Si pourtant tu connais quelque coutume plus louable, montre-nous-la ; prends ce couteau, beau frère ; nous l'apprendrons volontiers. » Tristan se mit à genoux et dépouilla le cerf avant de le défaire ; puis il dépeça la tête en laissant, comme il convient, l'os corbin[9] tout franc ; puis il leva les menus[10] droits, le mufle, la langue, les daintiers[11] et la veine du cœur.

Et veneurs et valets de limiers, penchés sur lui, le regardaient, charmés.

« Ami, dit le maître veneur, ces coutumes sont belles ; en quelle terre les as-tu apprises ? Dis-nous ton pays et ton nom.

— Beau seigneur, on m'appelle Tristan ; et j'appris ces coutumes en mon pays de Loonnois.

Notes

1. **trompes** : cors de chasse.
2. **limiers** : chiens de chasse.
3. **garrot** : partie du corps située au-dessus de l'épaule d'un grand quadrupède.
4. **jarrets** : endroit où se plient les jambes de derrière chez les quadrupèdes.
5. **rendit les abois** : se laissa entourer par les chiens.
6. **la servit de l'épieu** : la tua.
7. **cornaient de prise** : annonçaient leur prise en sonnant du cor.
8. **arçons** : arceaux qui forment le corps de la selle.
9. **os corbin** : os de la tête d'un cerf.
10. **menus** : morceaux de gibier.
11. **daintiers** : organes mâles.

— Tristan, dit le veneur, que Dieu récompense le père qui t'éleva si noblement! Sans doute, il est un baron riche et puissant?»

Mais Tristan, qui savait bien parler et bien se taire, répondit par ruse :

«Non, seigneur, mon père est un marchand. J'ai quitté secrètement sa maison sur une nef qui partait pour trafiquer au loin, car je voulais apprendre comment se comportent les hommes des terres étrangères. Mais, si vous m'acceptez parmi vos veneurs, je vous suivrai volontiers, et vous ferai connaître, beau seigneur, d'autres déduits de vénerie[1].

— Beau Tristan, je m'étonne qu'il soit une terre où les fils des marchands savent ce qu'ignorent ailleurs les fils des chevaliers. Mais viens avec nous, puisque tu le désires, et sois le bienvenu. Nous te conduirons près du roi Marc, notre seigneur.»

Tristan achevait de défaire le cerf. Il donna aux chiens le cœur, le massacre et les entrailles, et enseigna aux chasseurs comment se doivent faire la curée[2] et le forhu[3]. Puis il planta sur les fourches les morceaux bien divisés et les confia aux différents veneurs : à l'un la tête, à l'autre le cimier[4] et les grands filets; à ceux-ci les épaules, à ceux-là les cuissots, à cet autre le gros des nombles[5]. Il leur apprit comment ils devaient se ranger deux par deux pour chevaucher en belle ordonnance[6], selon la noblesse des pièces de venaison[7] dressées sur les fourches.

Alors ils se mirent à la voie en devisant[8], tant qu'ils découvrirent enfin un riche château. Des prairies l'environnaient, des vergers, des eaux vives, des pêcheries et des terres de labour.

Notes
1. **déduits de vénerie** : coutumes liées à la chasse à courre.
2. **faire la curée** : donner aux chiens leur part de gibier.
3. **faire le forhu** : forhuir ou forhuer, c'est-à-dire sonner du cor de chasse.
4. **cimier** : pièce de viande à la base de la queue du cerf.
5. **nombles** : pièces de gibier.
6. **chevaucher en belle ordonnance** : aller à cheval disposés selon un ordre précis.
7. **pièces de venaison** : morceaux de gibier.
8. **en devisant** : en conversant.

Des nefs nombreuses entraient au port. Le château se dressait sur la mer, fort et beau, bien muni contre tout assaut et tous engins de guerre; et sa maîtresse tour, jadis élevée par les géants, était bâtie de blocs de pierre, grands et bien taillés, disposés comme un échiquier de sinople[1] et d'azur.

Tristan demanda le nom de ce château.

« Beau valet, on le nomme Tintagel.

— Tintagel, s'écria Tristan, béni sois-tu de Dieu, et bénis soient tes hôtes! »

Seigneurs, c'est là que jadis, à grand-joie, son père Rivalen avait épousé Blanchefleur. Mais, hélas! Tristan l'ignorait. Quand ils parvinrent au pied du donjon[2], les fanfares des veneurs attirèrent aux portes les barons et le roi Marc lui-même. Après que le maître veneur lui eut conté l'aventure, Marc admira le bel arroi[3] de cette chevauchée, le cerf bien dépecé, et le grand sens des coutumes de vénerie. Mais surtout il admirait le bel enfant étranger, et ses yeux ne pouvaient se détacher de lui. D'où lui venait cette première tendresse? Le roi interrogeait son cœur et ne pouvait le comprendre. Seigneurs, c'était son sang qui s'émouvait et parlait en lui, et l'amour qu'il avait jadis porté à sa sœur Blanchefleur.

Le soir, quand les tables furent levées, un jongleur[4] gallois, maître en son art, s'avança parmi les barons assemblés, et chanta des lais[5] de harpe. Tristan était assis aux pieds du roi, et, comme le harpeur préludait à une nouvelle mélodie, Tristan lui parla ainsi:

« Maître, ce lai est beau entre tous: jadis les anciens Bretons l'ont fait pour célébrer les amours de Graelent. L'air en est doux, et douces les paroles. Maître, ta voix est habile, harpe-le bien! »

Le Gallois chanta, puis répondit:

Notes

1. **sinople**: émail de couleur verte.
2. **donjon**: tour principale qui domine le château fort.
3. **arroi**: ordre.
4. **jongleur**: chanteur (interprète) nomade.
5. **lais**: poèmes narratifs ou lyriques du Moyen Âge.

**Joueurs de vielle à archet et de luth,
minature du XIIIe siècle.**

«Enfant, que sais-tu donc de l'art des instruments? Si les marchands de la terre de Loonnois enseignent aussi à leurs fils le jeu des harpes, des rotes et des vielles[1], lève-toi, prends cette harpe, et montre ton adresse.»

Tristan prit la harpe et chanta si bellement que les barons s'attendrissaient à l'entendre. Et Marc admirait le harpeur venu de ce pays de Loonnois où jadis Rivalen avait emporté Blanchefleur.

Quand le lai fut achevé, le roi se tut longuement.

«Fils, dit-il enfin, béni soit le maître qui t'enseigna, et béni sois-tu de Dieu! Dieu aime les bons chanteurs. Leur voix et la voix de leur harpe pénètrent le cœur des hommes, réveillent leurs souvenirs chers et leur font oublier maint deuil et maint

---

Note

1. **vielles**: instruments de musique à cordes.

méfait. Tu es venu pour notre joie en cette demeure. Reste longtemps près de moi, ami!

— Volontiers, je vous servirai, sire, répondit Tristan, comme votre harpeur, votre veneur et votre homme lige[1].»

Il fit ainsi et, durant trois années, une mutuelle tendresse grandit dans leurs cœurs. Le jour, Tristan suivait Marc aux plaids[2] ou en chasse, et, la nuit, comme il couchait dans la chambre royale parmi les privés et les fidèles, si le roi était triste, il harpait pour apaiser son déconfort[3]. Les barons le chérissaient et, sur tous les autres, comme l'histoire vous l'apprendra, le sénéchal[4] Dinas de Lidan. Mais plus tendrement que les barons et que Dinas de Lidan, le roi l'aimait. Malgré leur tendresse, Tristan ne se consolait pas d'avoir perdu Rohalt son père, et son maître Gorvenal, et la terre de Loonnois.

Seigneurs, il sied au conteur qui veut plaire d'éviter les trop longs récits. La matière de ce conte est si belle et si diverse: que servirait de l'allonger? Je dirai donc brièvement comment, après avoir longtemps erré par les mers et les pays, Rohalt le Foi-Tenant aborda en Cornouailles, retrouva Tristan, et, montrant au roi l'escarboucle[5] jadis donnée par lui à Blanchefleur comme un cher présent nuptial, lui dit:

«Roi Marc, celui-ci est Tristan de Loonnois, votre neveu, fils de votre sœur Blanchefleur et du roi Rivalen. Le duc Morgan tient sa terre à grand-tort; il est temps qu'elle fasse retour au droit héritier.»

Et je dirai brièvement comment Tristan, ayant reçu de son oncle les armes de chevalier, franchit la mer sur les nefs de Cornouailles, se fit reconnaître des anciens vassaux de son père,

---

1. homme lige: vassal lié par une fidélité absolue à son suzerain.
2. plaids: tribunaux féodaux.
3. déconfort: tristesse.
4. sénéchal: officier chargé de présenter les plats à la table du roi.
5. escarboucle: pierre précieuse rouge grenat.

défia le meurtrier de Rivalen, l'occit[1] et recouvra sa terre. Puis il songea que le roi Marc ne pouvait plus vivre heureusement sans lui, et, comme la noblesse de son cœur lui révélait toujours le parti le plus sage, il manda ses comtes et ses barons et leur parla ainsi :

« Seigneurs de Loonnois, j'ai reconquis ce pays et j'ai vengé le roi Rivalen par l'aide de Dieu et par votre aide. Ainsi j'ai rendu à mon père son droit. Mais deux hommes, Rohalt, et le roi Marc de Cornouailles, ont soutenu l'orphelin et l'enfant errant, et je dois aussi les appeler pères ; à ceux-là, pareillement, ne dois-je pas rendre leur droit ? Or, un haut homme a deux choses à lui : sa terre et son corps. Donc, à Rohalt, que voici, j'abandonnerai ma terre : père, vous la tiendrez, et votre fils la tiendra après vous. Au roi Marc, j'abandonnerai mon corps ; je quitterai ce pays, bien qu'il me soit cher, et j'irai servir mon seigneur Marc en Cornouailles. Telle est ma pensée ; mais vous êtes mes féaux[2], seigneurs de Loonnois, et me devez le conseil ; si donc l'un de vous veut m'enseigner une autre résolution, qu'il se lève et qu'il parle ! »

Mais tous les barons le louèrent avec des larmes, et Tristan, emmenant avec lui le seul Gorvenal, appareilla[3] pour la terre du roi Marc.

Notes
1. **l'occit** : le tua.
2. **féaux** : dévoués.
3. **appareilla** : se prépara à partir en bateau.

Au fil du texte

Questions sur le chapitre 1 (pages 11 à 19)

Avez-vous bien lu ?

1) Indiquez, dans chaque cadre de ce schéma, le nom du personnage qui entretient avec Tristan la relation indiquée par la flèche.

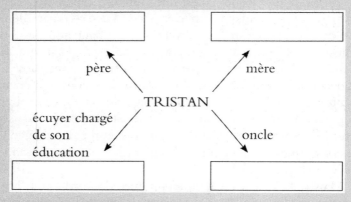

2) Quel est le pays natal de Tristan ?

3) Dans quelles circonstances le quitte-t-il ?

4) Où le hasard le mène-t-il ?

5) Qui révèle les liens qui unissent Tristan au roi Marc ?

Étudier le vocabulaire et la grammaire

6) Relevez, dans le chapitre 1, des mots appartenant au champ lexical* de la chasse.

*champ lexical : groupe de mots autour du même thème.

ÉTUDIER LE DISCOURS

7) Indiquez, dans le passage suivant, qui est l'émetteur* et relevez les mots qui le désignent en précisant leur nature : « *Non, seigneur, mon père est un marchand. J'ai quitté secrètement sa maison sur une nef qui partait pour trafiquer au loin, car je voulais apprendre comment se comportent les hommes des terres étrangères. Mais, si vous m'acceptez parmi vos veneurs, je vous suivrai volontiers, et vous ferai connaître, beau seigneur, d'autres déduits de vénerie* » (lignes 71 à 76).

*émetteur : personnage qui produit le message.

ÉTUDIER LA FONCTION DU CHAPITRE 1

8) Cochez la bonne case. Ce chapitre a pour fonction :

❏ de situer et de présenter le héros.

❏ de présenter ses amis.

❏ de raconter ses exploits.

LIRE L'IMAGE

9) Regardez attentivement les deux instruments de musique de l'image, page 17. Qu'est-ce qui les distingue ? En quoi se ressemblent-ils ?

10) De quels instruments modernes pourraient-ils être les ancêtres ?

À VOS PLUMES !

11) Rédigez en dix lignes le portrait de Tristan, tel qu'il ressort de ce chapitre.

Chapitre 2

LE MORHOLT D'IRLANDE

1   Quand Tristan y rentra, Marc et toute sa baronnie menaient grand-deuil. Car le roi d'Irlande avait équipé une flotte pour ravager la Cornouailles, si Marc refusait encore, ainsi qu'il faisait depuis quinze années, d'acquitter un tribut[1] jadis payé par
5   ses ancêtres. Or, sachez que, selon d'anciens traités d'accord, les Irlandais pouvaient lever sur la Cornouailles, la première année trois cents livres[2] de cuivre, la deuxième année trois cents livres d'argent fin, et la troisième trois cents livres d'or. Mais quand revenait la quatrième année, ils emportaient trois cents jeunes
10 garçons et trois cents jeunes filles, de l'âge de quinze ans, tirés au sort entre les familles de Cornouailles. Or, cette année, le roi avait envoyé vers Tintagel, pour porter son message, un chevalier géant, le Morholt, dont il avait épousé la sœur, et que nul n'avait jamais pu vaincre en bataille. Mais le roi Marc, par lettres
15 scellées, avait convoqué à sa cour tous les barons de sa terre pour prendre leur conseil.

Notes

1. tribut : contribution forcée, imposée au vaincu par le vainqueur.

2. livre : ancienne monnaie.

Au terme marqué, quand les barons furent assemblés dans la salle voûtée du palais et que Marc se fut assis sous le dais, le Morholt parla ainsi :

«Roi Marc, entends pour la dernière fois le mandement du roi d'Irlande, mon seigneur. Il te semond[1] de payer enfin le tribut que tu lui dois. Pour ce que tu l'as trop longtemps refusé, il te requiert de me livrer en ce jour trois cents jeunes garçons et trois cents jeunes filles, de l'âge de quinze ans, tirés au sort entre les familles de Cornouailles. Ma nef, ancrée au port de Tintagel, les emportera pour qu'ils deviennent nos serfs[2]. Pourtant, – et je n'excepte que toi seul, roi Marc, ainsi qu'il convient, – si quelqu'un de tes barons veut prouver par bataille que le roi d'Irlande lève ce tribut contre le droit, j'accepterai son gage[3]. Lequel d'entre vous, seigneurs cornouaillais, veut combattre pour la franchise de ce pays?» Les barons se regardaient entre eux à la dérobée, puis baissaient la tête. Celui-ci se disait : «Vois, malheureux, la stature du Morholt d'Irlande : il est plus fort que quatre hommes robustes. Regarde son épée : ne sais-tu point que par sortilège elle a fait voler la tête des plus hardis champions, depuis tant d'années que le roi d'Irlande envoie ce géant porter ses défis par les terres vassales? Chétif[4], veux-tu chercher la mort? À quoi bon tenter Dieu?» Cet autre songeait : «Vous ai-je élevés, chers fils, pour les besognes des serfs, et vous, chères filles, pour celles des filles de joie? Mais ma mort ne vous sauverait pas.» Et tous se taisaient.

Le Morholt dit encore :

«Lequel d'entre vous, seigneurs cornouaillais, veut prendre mon gage? Je lui offre une belle bataille : car, à trois jours d'ici, nous gagnerons sur des barques l'île Saint-Samson, au large de Tintagel. Là, votre chevalier et moi, nous combattrons seul à

Notes

1. **il te semond** : il t'ordonne, il te somme.
2. **serf** : personne qui n'avait pas de liberté personnelle, étant attachée à une terre.
3. **gage** : ici, promesse d'un combat.
4. **chétif** : maigrichon.

seul, et la louange d'avoir tenté la bataille rejaillira sur toute sa parenté. »

Ils se taisaient toujours, et le Morholt ressemblait au gerfaut[1] que l'on enferme dans une cage avec de petits oiseaux : quand il y entre, tous deviennent muets.

Le Morholt parla pour la troisième fois :

« Eh bien, beaux seigneurs cornouaillais, puisque ce parti vous semble le plus noble, tirez vos enfants au sort et je les emporterai ! Mais je ne croyais pas que ce pays ne fût habité que par des serfs. »

Alors Tristan s'agenouilla aux pieds du roi Marc, et dit :

« Seigneur roi, s'il vous plaît de m'accorder ce don, je ferai la bataille. »

En vain le roi Marc voulut l'en détourner. Il était jeune chevalier : de quoi lui servirait sa hardiesse ? Mais Tristan donna son gage au Morholt, et le Morholt le reçut.

Au jour dit, Tristan se plaça sur une courtepointe[2] de cendal[3] vermeil, et se fit armer pour la haute aventure. Il revêtit le haubert[4] et le heaume[5] d'acier bruni. Les barons pleuraient de pitié sur le preux[6] et de honte sur eux-mêmes. « Ah ! Tristan, se disaient-ils, hardi baron, belle jeunesse, que n'ai-je, plutôt que toi, entrepris cette bataille ! Ma mort jetterait un moindre deuil sur cette terre !... » Les cloches sonnent, et tous, ceux de la baronnie et ceux de la gent menue[7], vieillards, enfants et

---

Notes
1. **gerfaut** : grand oiseau rapace.
2. **courtepointe** : couverture.
3. **cendal** : étoffe de soie utilisée au Moyen Âge.
4. **haubert** : chemise de mailles de métal qui protège le corps jusqu'à mi-jambes.
5. **heaume** : grand casque protégeant la tête et le visage.
6. **preux** : chevalier au courage exceptionnel.
7. **gent menue** : petit peuple.

femmes, pleurant et priant, escortent Tristan jusqu'au rivage. Ils espéraient encore, car l'espérance au cœur des hommes vit de chétive pâture[1].

Tristan monta seul dans une barque et cingla vers l'île Saint-Samson. Mais le Morholt avait tendu à son mât une voile de riche pourpre, et le premier il aborda dans l'île. Il attachait sa barque au rivage, quand Tristan, touchant terre à son tour, repoussa du pied la sienne vers la mer.

« Vassal[2], que fais-tu ? dit le Morholt, et pourquoi n'as-tu pas retenu comme moi ta barque par une amarre ?

— Vassal, à quoi bon ? répondit Tristan. L'un de nous reviendra seul vivant d'ici : une seule barque ne lui suffit-elle pas ? »
Et tous deux, s'excitant au combat par des paroles outrageuses[3], s'enfoncèrent dans l'île.

Nul ne vit l'âpre[4] bataille ; mais, par trois fois, il sembla que la brise de mer portait au rivage un cri furieux. Alors, en signe de deuil, les femmes battaient leurs paumes en chœur, et les compagnons du Morholt, massés à l'écart devant leurs tentes, riaient. Enfin, vers l'heure de none[5], on vit au loin se tendre la voile de pourpre ; la barque de l'Irlandais se détacha de l'île, et une clameur de détresse[6] retentit : « Le Morholt ! le Morholt ! » Mais, comme la barque grandissait, soudain, au sommet d'une vague, elle montra un chevalier qui se dressait à la proue[7] ; chacun de ses poings tendait une épée brandie : c'était Tristan. Aussitôt vingt barques volèrent à sa rencontre et les jeunes hommes se jetaient à la nage. Le preux s'élança sur la grève et, tandis que les mères à genoux baisaient ses chausses de fer, il cria aux compagnons du Morholt :

1. **vit de chétive pâture** : se nourrit de peu.
2. **vassal** : homme lié personnellement à un seigneur, son suzerain, qui lui donnait une terre.
3. **outrageuses** : insultantes.
4. **âpre** : rude.
5. **heure de none** : heure de la prière.
6. **clameur de détresse** : cri de souffrance.
7. **proue** : avant du navire.

« Seigneurs d'Irlande, le Morholt a bien combattu. Voyez : mon épée est ébréchée, un fragment de la lame est resté enfoncé dans son crâne. Emportez ce morceau d'acier, seigneurs : c'est le tribut de la Cornouailles ! »

Alors il monta vers Tintagel. Sur son passage, les enfants délivrés agitaient à grands cris des branches vertes, et de riches courtines[1] se tendaient aux fenêtres. Mais quand, parmi les chants d'allégresse, aux bruits des cloches, des trompes et des buccines, si retentissants qu'on n'eût pas ouï Dieu tonner, Tristan parvint au château, il s'affaissa entre les bras du roi Marc : et le sang ruisselait de ses blessures.

À grand déconfort, les compagnons du Morholt abordèrent en Irlande. Naguère[2], quand il rentrait au port de Weisefort, le Morholt se réjouissait à revoir ses hommes assemblés qui l'acclamaient en foule, et la reine sa sœur, et sa nièce, Iseult la Blonde, aux cheveux d'or, dont la beauté brillait déjà comme l'aube qui se lève. Tendrement elles lui faisaient accueil, et s'il avait reçu quelque blessure elles le guérissaient ; car elles savaient les baumes et les breuvages qui raniment les blessés déjà pareils à des morts. Mais de quoi leur serviraient maintenant les recettes magiques, les herbes cueillies à l'heure propice, les philtres ? Il gisait[3] mort, cousu dans un cuir de cerf, et le fragment de l'épée ennemie était encore enfoncé dans son crâne. Iseult la Blonde l'en retira pour l'enfermer dans un coffret d'ivoire, précieux comme un reliquaire[4]. Et, courbées sur le grand cadavre, la mère et la fille, redisant sans fin l'éloge du mort et sans répit lançant la même imprécation[5] contre le meurtrier, menaient à tour de rôle parmi les femmes le regret funèbre. De ce jour, Iseult la Blonde apprit à haïr le nom de Tristan de Loonnois.

Notes

1. **courtines** : tentures.
2. **naguère** : autrefois (sens ancien) ; il y a peu de temps, récemment (sens actuel).
3. **il gisait** : il était étendu par terre.
4. **reliquaire** : boîte renfermant des reliques.
5. **imprécation** : insulte.

[Mais, blessé par le pieu empoisonné du Morholt, Tristan dégage une odeur si fétide qu'il décide de s'éloigner pour éviter d'importuner les familiers du palais. Seul, avec sa harpe dans une barque sans rame ni voile, il dérive sept jours et sept nuits, puis le hasard l'entraîne vers les côtes irlandaises. Pour éviter d'être reconnu par les compatriotes du Morholt, il se présente sous une fausse identité : Tristan le jongleur[1]. N'ayant pas reconnu le meurtrier de son oncle, Iseult, la fille du roi dont la chevelure a l'éclat de l'or, le soigne grâce à des philtres magiques. Guéri, le neveu du roi Marc rentre en Cornouailles.]

Le combat courtois,
miniature du XVIe siècle.

Note

1. **jongleur** : chanteur nomade, itinérant.

Au fil du texte
Questions sur le chapitre 2 (pages 22 à 27)

Avez-vous bien lu ?

1) Qu'est-ce que le Morholt est venu réclamer ?

2) Comment Tristan envisage-t-il de délivrer le royaume de Cornouailles du danger qui le menace ?

3) Qui sort vainqueur de ce combat ?

4) Quelle trace du combat le géant gardera-t-il ?

5) Qui est la nièce du Morholt ?

6) Quel sentiment nourrit-elle envers le meurtrier de son oncle ?

Cf. **question 7, page 29.**

Étudier le vocabulaire et la grammaire

Chevalier du Moyen Âge.

7 Écrivez sur le dessin ci-contre, page 28, à la bonne place, les noms suivants :
le heaume — le haubert — l'épée — l'écu — la lance.

8 Reliez les synonymes par des traits.

esquif •	• bijou
ceindre •	• courage
téméraire •	• poème
preux •	• traître
tribut •	• barque
lai •	• chanteur
vaillance •	• impôt
félon •	• entourer
joyau •	• audacieux
jongleur •	• vaillant

ÉTUDIER UN THÈME : LES GÉANTS

9 Affronter des géants est très fréquent dans la littérature. Rendez à chacun son adversaire.

Ulysse •	• Gulliver
Don Quichotte •	• le cyclope Polyphème
les Lilliputiens •	• Goliath
David •	• des moulins à vent

10 Qui est l'auteur des aventures des deux géants Gargantua et Pantagruel ?

❏ Homère.

❏ Rabelais.

❏ Alexandre Dumas.

Lire l'image

11) Que pourrait signifier le geste fait par la dame sur l'image de la page 27 ?

12) Regardez la position qu'elle occupe.
Quel pourrait être l'enjeu du combat ?

À vos plumes !

13) Une partie du texte du chapitre 2 est consacrée au récit du combat entre Tristan et le Morholt. Racontez à votre tour un combat entre deux héros imaginaires.
Vous insérerez, dans le texte narratif, un passage descriptif concernant l'équipement des combattants.

Chapitre 3

La quête de la Belle aux Cheveux d'or

[Le roi Marc l'accueille avec joie, mais quatre barons félons envient Tristan et le craignent. Pour éviter qu'il hérite du royaume de son oncle, ils somment leur seigneur de prendre épouse afin qu'il ait un héritier. Réticent, le roi déclare qu'il épousera celle à qui appartient un cheveu doré apporté par deux hirondelles venues de la mer. Les barons soupçonnent Tristan d'être l'auteur de cette ruse pour éviter le mariage. Désirant prouver sa bonne foi, le jeune homme propose de retourner en Irlande afin d'obtenir la main d'Iseult la Blonde pour son oncle. Il embarque en compagnie de cent jeunes chevaliers déguisés en marchands anglais car, depuis la mort du Morholt, le roi d'Irlande met à mort tout navigateur venu de Cornouailles. Arrivé à destination, Tristan apprend qu'un terrible dragon menace le pays et que le roi a promis sa fille en mariage à celui qui les délivrerait du monstre. Tristan combat et vainc le dragon, mais en est mortellement blessé. Le sénéchal du roi d'Irlande, un fourbe, tente de s'attribuer cette victoire.

Soupçonnant le mensonge, Iseult, qui ne veut pas épouser un lâche, part à la recherche du vrai vainqueur, accompagnée par Perinis, son valet, et Brangien, sa servante. Ils découvrent Tristan blessé, gisant trop faible pour se déplacer, et l'emmènent au palais.]

Tout comme Tristan, Lancelot du Lac se bat contre un dragon, miniature du XVe siècle.

1   Là, Iseult conta l'aventure à sa mère, et lui confia l'étranger. Comme la reine lui ôtait son armure, la langue envenimée du dragon tomba de sa chausse[1]. Alors la reine d'Irlande réveilla le blessé par la vertu d'une herbe, et lui dit :

5   « Étranger, je sais que tu es vraiment le tueur du monstre. Mais notre sénéchal, un félon, un couard[2], lui a tranché la tête et réclame ma fille Iseult la Blonde pour sa récompense.

Sauras-tu, à deux jours d'ici, lui prouver son tort par bataille ?

— Reine, dit Tristan, le terme est proche. Mais, sans doute,
10 vous pouvez me guérir en deux journées. J'ai conquis Iseult sur le dragon ; peut-être je la conquerrai sur le sénéchal. »

---

1. chausse : vêtement masculin qui couvrait le corps depuis la ceinture jusqu'aux genoux.

2. couard : lâche.

Tristan et Iseult

Alors la reine l'hébergea richement, et brassa pour lui des remèdes efficaces. Au jour suivant, Iseult la Blonde lui prépara un bain et doucement oignit[1] son corps d'un baume que sa mère avait composé. Elle arrêta ses regards sur le visage du blessé, vit qu'il était beau, et se prit à penser : « Certes, si sa prouesse[2] vaut sa beauté, mon champion fournira une rude bataille ! » Mais Tristan, ranimé par la chaleur de l'eau et la force des aromates, la regardait, et, songeant qu'il avait conquis la Reine aux Cheveux d'or, se mit à sourire. Iseult le remarqua et se dit : « Pourquoi cet étranger a-t-il souri ? Ai-je rien fait qui ne convienne pas ? Ai-je négligé l'un des services qu'une jeune fille doit rendre à son hôte ? Oui, peut-être a-t-il ri parce que j'ai oublié de parer[3] ses armes ternies par le venin. »

Elle vint donc là où l'armure de Tristan était déposée : « Ce heaume est de bon acier, pensa-t-elle, et ne lui faudra[4] pas au besoin. Et ce haubert est fort, léger, bien digne d'être porté par un preux. » Elle prit l'épée par la poignée : « Certes, c'est là une belle épée, et qui convient à un hardi[5] baron. »

Elle tire du riche fourreau, pour l'essuyer, la lame sanglante. Mais elle voit qu'elle est largement ébréchée. Elle remarque la forme de l'entaille : ne serait-ce point la lame qui s'est brisée dans la tête du Morholt ? Elle hésite, regarde encore, veut s'assurer de son doute. Elle court à la chambre où elle gardait le fragment d'acier retiré naguère du crâne du Morholt. Elle joint le fragment à la brèche ; à peine voyait-on la trace de la brisure.

Alors elle se précipita vers Tristan, et, faisant tournoyer sur la tête du blessé la grande épée, elle cria :

« Tu es Tristan de Loonnois, le meurtrier du Morholt, mon cher oncle. Meurs donc à ton tour ! »

Notes
1. **oignit** : enduisit de pommade.
2. **prouesse** : courage.
3. **parer** : nettoyer.
4. **faudra** : fera défaut.
5. **hardi** : audacieux.

Tristan fit effort pour arrêter son bras ; vainement ; son corps était perclus, mais son esprit restait agile. Il parla donc avec adresse :

« Soit, je mourrai ; mais, pour t'épargner les longs repentirs[1], écoute. Fille de roi, sache que tu n'as pas seulement le pouvoir, mais le droit de me tuer. Oui, tu as droit sur ma vie, puisque deux fois tu me l'as conservée et rendue. Une première fois, naguère : j'étais le jongleur blessé que tu as sauvé quand tu as chassé de son corps le venin dont l'épieu du Morholt l'avait empoisonné. Ne rougis pas, jeune fille, d'avoir guéri ces blessures : ne les avais-je pas reçues en loyal combat ? ai-je tué le Morholt en trahison ? ne m'avait-il pas défié ? ne devais-je pas défendre mon corps ? Pour la seconde fois, en m'allant chercher au marécage, tu m'as sauvé. Ah ! c'est pour toi, jeune fille, que j'ai combattu le dragon... Mais laissons ces choses : je voulais te prouver seulement que, m'ayant par deux fois délivré du péril de la mort, tu as droit sur ma vie. Tue-moi donc, si tu penses y gagner louange et gloire. Sans doute, quand tu seras couchée entre les bras du preux sénéchal, il te sera doux de songer à ton hôte blessé, qui avait risqué sa vie pour te conquérir et t'avait conquise, et que tu auras tué sans défense dans ce bain. »

Iseult s'écria :

« J'entends merveilleuses paroles. Pourquoi le meurtrier du Morholt a-t-il voulu me conquérir ? Ah ! sans doute, comme le Morholt avait jadis tenté de ravir sur sa nef les jeunes filles de Cornouailles, à ton tour, par belles représailles, tu as fait cette vantance[2] d'emporter comme ta serve celle que le Morholt chérissait entre les jeunes filles...

— Non, fille de roi, dit Tristan. Mais un jour deux hirondelles ont volé jusqu'à Tintagel pour y porter l'un de tes cheveux d'or. J'ai cru qu'elles venaient m'annoncer paix et amour.

---

1. **repentirs** : regrets.

2. **tu as fait cette vantance** : tu t'es vanté d'accomplir cette action.

C'est pourquoi je suis venu te quérir[1] par-delà la mer. C'est pourquoi j'ai affronté le monstre et son venin. Vois ce cheveu cousu parmi les fils d'or de mon bliaut[2]; la couleur des fils d'or a passé : l'or du cheveu ne s'est pas terni. »

Iseult regarda la grande épée et prit en main le bliaut de Tristan. Elle y vit le cheveu d'or et se tut longuement ; puis elle baisa son hôte sur les lèvres en signe de paix et le revêtit de riches habits.

Au jour de l'assemblée des barons, Tristan envoya secrètement vers sa nef Perinis, le valet d'Iseult, pour mander à ses compagnons de se rendre à la cour, parés comme il convenait aux messagers d'un riche roi : car il espérait atteindre ce jour même au terme de l'aventure. Gorvenal et les cent chevaliers se désolaient depuis quatre jours d'avoir perdu Tristan ; ils se réjouirent de la nouvelle.

Un à un, dans la salle où déjà s'amassaient sans nombre les barons d'Irlande, ils entrèrent, s'assirent à la file sur un même rang, et les pierreries ruisselaient au long de leurs riches vêtements d'écarlate, de cendal et de pourpre. Les Irlandais disaient entre eux : « Quels sont ces seigneurs magnifiques ? Qui les connaît ? Voyez ces manteaux somptueux, parés de zibeline et d'orfroi ! Voyez au pommeau des épées, au fermail[3] des pelisses, chatoyer[4] les rubis, les béryls, les émeraudes et tant de pierres que nous ne savons même pas nommer ! Qui donc vit jamais splendeur pareille ? D'où viennent ces seigneurs ? À qui sont-ils ? » Mais les cent chevaliers se taisaient et ne se mouvaient de leurs sièges pour nul qui entrât. Quand le roi d'Irlande fut assis sous le dais, le sénéchal Aguynguerran le Roux offrit de prouver par témoins et de soutenir par bataille qu'il avait tué le

---

Notes

1. **quérir** : chercher.
2. **bliaut** : longue tunique.
3. **fermail** : agrafe.
4. **chatoyer** : briller.

monstre et qu'Iseult devait lui être livrée. Alors Iseult s'inclina devant son père et dit :

« Roi, un homme est là, qui prétend convaincre votre sénéchal de mensonge et de félonie. À cet homme prêt à prouver qu'il a délivré votre terre du fléau et que votre fille ne doit pas être abandonnée à un couard, promettez-vous de pardonner ses torts anciens, si grands soient-ils, et de lui accorder votre merci et votre paix ? »

Le roi y pensa et ne se hâtait pas de répondre. Mais ses barons crièrent en foule :

« Octroyez-le[1], sire, octroyez-le ! »

Le roi dit :

« Et je l'octroie ! »

Mais Iseult s'agenouilla à ses pieds :

« Père, donnez-moi d'abord le baiser de merci et de paix, en signe que vous le donnerez pareillement à cet homme ! » Quand elle eut reçu le baiser, elle alla chercher Tristan et le conduisit par la main dans l'assemblée. À sa vue, les cent chevaliers se levèrent à la fois, le saluèrent les bras en croix sur la poitrine, se rangèrent à ses côtés, et les Irlandais virent qu'il était leur seigneur. Mais plusieurs le reconnurent alors, et un grand cri retentit : « C'est Tristan de Loonnois, c'est le meurtrier du Morholt ! » Les épées nues brillèrent et des voix furieuses répétaient : « Qu'il meure ! »

Mais Iseult s'écria :

« Roi, baise cet homme sur la bouche, ainsi que tu l'as promis ! »

Le roi le baisa sur la bouche, et la clameur s'apaisa.

Alors Tristan montra la langue du dragon, et offrit la bataille au sénéchal, qui n'osa l'accepter et reconnut son forfait[2]. Puis Tristan parla ainsi :

Notes

1. **octroyez-le** : accordez-le.
2. **forfait** : défaite.

Tristan et Iseult

« Seigneurs, j'ai tué le Morholt, mais j'ai franchi la mer pour vous offrir belle amendise[1]. Afin de racheter le méfait, j'ai mis mon corps en péril de mort et je vous ai délivrés du monstre, et voici que j'ai conquis Iseult la Blonde, la Belle. L'ayant conquise, je l'emporterai donc sur ma nef. Mais, afin que par les terres d'Irlande et de Cornouailles se répande non plus la haine mais l'amour, sachez que le roi Marc, mon cher seigneur, l'épousera. Voyez ici cent chevaliers de haut parage[2] prêts à jurer sur les reliques des saints que le roi Marc vous mande paix et amour, que son désir est d'honorer Iseult comme sa chère femme épousée, et que tous les hommes de Cornouailles la serviront comme leur dame et leur reine. » On apporta les corps saints à grand-joie, et les cent chevaliers jurèrent qu'il avait dit la vérité.

Le roi prit Iseult par la main et demanda à Tristan s'il la conduirait loyalement à son seigneur. Devant ses cent chevaliers et devant les barons d'Irlande, Tristan le jura.

Iseult la Blonde frémissait de honte et d'angoisse. Ainsi Tristan, l'ayant conquise, la dédaignait[3] ; le beau conte du cheveu d'or n'était que mensonge, et c'est à un autre qu'il la livrait... Mais le roi posa la main droite d'Iseult dans la main droite de Tristan, et Tristan la retint en signe qu'il se saisissait d'elle, au nom du roi de Cornouailles.

Ainsi, pour l'amour du roi Marc, par la ruse et par la force, Tristan accomplit la quête[4] de la Reine aux Cheveux d'or.

Notes

1. **amendise** : réparation.
2. **de haut parage** : noble.
3. **dédaignait** : méprisait.
4. **quête** : recherche.

Chapitre 4

Le philtre

Quand le temps approcha de remettre Iseult aux chevaliers de Cornouailles, sa mère cueillit des herbes, des fleurs et des racines, les mêla dans du vin, et brassa un breuvage puissant. L'ayant achevé par science et magie, elle le versa dans un coutret[1] et dit secrètement à Brangien :

« Fille, tu dois suivre Iseult au pays du roi Marc, et tu l'aimes d'amour fidèle. Prends donc ce coutret de vin et retiens mes paroles. Cache-le de telle sorte que nul œil ne le voie et que nulle lèvre ne s'en approche. Mais, quand viendront la nuit nuptiale et l'instant où l'on quitte les époux, tu traverseras ce vin herbé[2] dans une coupe et tu la présenteras, pour qu'ils la vident ensemble, au roi Marc et à la reine Iseult. Prends garde, ma fille, que seuls ils puissent goûter ce breuvage[3]. Car telle est sa vertu : ceux qui en boiront ensemble s'aimeront de tous leurs sens et de toute leur pensée, à toujours, dans la vie et dans la mort. »

Brangien promit à la reine qu'elle ferait selon sa volonté.

Notes
1. **coutret** : récipient.
2. **vin herbé** : vin auquel on a mélangé des herbes.
3. **breuvage** : boisson.

La nef, tranchant les vagues profondes, emportait Iseult. Mais, plus elle s'éloignait de la terre d'Irlande, plus tristement la jeune fille se lamentait. Assise sous la tente où elle s'était renfermée avec Brangien, sa servante, elle pleurait au souvenir de son pays. Où ces étrangers l'entraîneraient-ils ? Vers qui ? Vers quelle destinée ? Quand Tristan s'approchait d'elle et voulait l'apaiser par de douces paroles, elle s'irritait, le repoussait, et la haine gonflait son cœur. Il était venu, lui le ravisseur, lui le meurtrier du Morholt ; il l'avait arrachée par ses ruses à sa mère et à son pays ; il n'avait pas daigné la garder pour lui-même, et voici qu'il l'emportait, comme sa proie, sur les flots, vers la terre ennemie ! « Chétive ! disait-elle, maudite soit la mer qui me porte ! Mieux aimerais-je mourir sur la terre où je suis née que vivre là-bas !... »

Un jour, les vents tombèrent, et les voiles pendaient dégonflées le long du mât. Tristan fit atterrir dans une île, et, lassés de la mer, les cent chevaliers de Cornouailles et les mariniers descendirent au rivage. Seule Iseult était demeurée sur la nef, et une petite servante. Tristan vint vers la reine et tâchait de calmer son cœur. Comme le soleil brûlait et qu'ils avaient soif, ils demandèrent à boire. L'enfant chercha quelque breuvage, tant qu'elle découvrit le coutret confié à Brangien par la mère d'Iseult. « J'ai trouvé du vin ! » leur cria-t-elle. Non, ce n'était pas du vin : c'était la passion, c'était l'âpre joie et l'angoisse sans fin, et la mort. L'enfant remplit un hanap[1] et le présenta à sa maîtresse. Elle but à longs traits, puis le tendit à Tristan, qui le vida.

À cet instant, Brangien entra et les vit qui se regardaient en silence, comme égarés et comme ravis. Elle vit devant eux le vase presque vide et le hanap. Elle prit le vase, courut à la poupe, le lança dans les vagues et gémit :

Note

1. **hanap :** grand vase à boire, monté sur un pied et muni d'un couvercle.

« Malheureuse ! maudit soit le jour où je suis née et maudit le jour où je suis montée sur cette nef ! Iseult, amie, et vous, Tristan, c'est votre mort que vous avez bue ! »

**Le breuvage magique,
miniature du XIVe siècle.**

De nouveau, la nef cinglait vers Tintagel. Il semblait à Tristan qu'une ronce vivace, aux épines aiguës, aux fleurs odorantes, poussait ses racines dans le sang de son cœur et par de forts liens enlaçait au beau corps d'Iseult son corps et toute sa pensée, et tout son désir. Il songeait : « Andret, Denoalen, Guenelon et Gondoïne, félons qui m'accusiez de convoiter la terre du roi Marc, ah ! je suis plus vil[1] encore, et ce n'est pas sa terre que je

---

1. vil : méprisable.

Tristan et Iseult

convoite ! Bel oncle, qui m'avez aimé orphelin avant même de reconnaître le sang de votre sœur Blanchefleur, vous qui me pleuriez tendrement, tandis que vos bras me portaient jusqu'à la barque sans rames ni voile, bel oncle, que n'avez-vous, dès le premier jour, chassé l'enfant errant venu pour vous trahir ? Ah ! qu'ai-je pensé ?

Iseult est votre femme, et moi votre vassal. Iseult est votre femme, et moi votre fils. Iseult est votre femme, et ne peut pas m'aimer. »

Iseult l'aimait. Elle voulait le haïr, pourtant : ne l'avait-il pas vilement dédaignée ? Elle voulait le haïr, et ne pouvait, irritée en son cœur de cette tendresse plus douloureuse que la haine. Brangien les observait avec angoisse, plus cruellement tourmentée encore, car seule elle savait quel mal elle avait causé. Deux jours elle les épia, les vit repousser toute nourriture, tout breuvage et tout réconfort, se chercher comme des aveugles qui marchent à tâtons l'un vers l'autre, malheureux quand ils languissaient[1] séparés, plus malheureux encore quand, réunis, ils tremblaient devant l'horreur du premier aveu.

Au troisième jour, comme Tristan venait vers la tente, dressée sur le pont de la nef, où Iseult était assise, Iseult le vit s'approcher et lui dit humblement :

« Entrez, seigneur.

— Reine, dit Tristan, pourquoi m'avoir appelé seigneur ? Ne suis-je pas votre homme lige, au contraire, et votre vassal, pour vous révérer, vous servir et vous aimer comme ma reine et ma dame ? »

Iseult répondit :

« Non, tu le sais, que tu es mon seigneur et mon maître ! Tu le sais, que ta force me domine et que je suis ta serve ! Ah ! que n'ai-je avivé naguère les plaies du jongleur blessé ! Que n'ai-je laissé périr le tueur du monstre dans les herbes du marécage !

---

1. languissaient : dépérissaient.

Que n'ai-je asséné[1] sur lui, quand il gisait dans le bain, le coup de l'épée déjà brandie ! Hélas ! je ne savais pas alors ce que je sais aujourd'hui !

— Iseult, que savez-vous donc aujourd'hui ? Qu'est-ce donc qui vous tourmente ?

— Ah ! tout ce que je sais me tourmente, et tout ce que je vois. Ce ciel me tourmente, et cette mer, et mon corps, et ma vie ! »

Elle posa son bras sur l'épaule de Tristan ; des larmes éteignirent le rayon de ses yeux, ses lèvres tremblèrent. Il répéta :

« Amie, qu'est-ce donc qui vous tourmente ? »

Elle répondit :

« L'amour de vous. »

Alors il posa ses lèvres sur les siennes.

Mais, comme pour la première fois tous deux goûtaient une joie d'amour, Brangien, qui les épiait, poussa un cri, et, les bras tendus, la face trempée de larmes, se jeta à leurs pieds : « Malheureux ! arrêtez-vous, et retournez, si vous le pouvez encore ! Mais non, la voie est sans retour, déjà la force de l'amour vous entraîne et jamais plus vous n'aurez de joie sans douleur. C'est le vin herbé qui vous possède, le breuvage d'amour que votre mère, Iseult, m'avait confié. Seul, le roi Marc devait le boire avec vous ; mais l'Ennemi s'est joué de nous trois, et c'est vous qui avez vidé le hanap. Ami Tristan, Iseult amie, en châtiment de la male garde que j'ai faite, je vous abandonne mon corps, ma vie ; car, par mon crime, dans la coupe maudite, vous avez bu l'amour et la mort ! »

Les amants s'étreignirent ; dans leurs beaux corps frémissaient le désir et la vie. Tristan dit :

« Vienne donc la mort ! »

Et, quand le soir tomba, sur la nef qui bondissait plus rapide vers la terre du roi Marc, liés à jamais, ils s'abandonnèrent à l'amour.

---

1. asséné : frappé.

Au fil du texte

Questions sur les chapitres 3 et 4 (pages 31 à 42)

Avez-vous bien lu ?

1 Quels ennemis Tristan a-t-il à la cour de son oncle ?

2 Qu'est-ce qu'ils exigent de leur souverain ?

3 Quelle mission Tristan est-il chargé d'accomplir lors de son voyage en Irlande ?

4 Quel exploit y réussit-il ?

5 Quelle est la récompense promise par le roi d'Irlande, père d'Yseult la Blonde ?

6 Quelle est la réaction d'Iseult lorsqu'elle réalise que Tristan est le meurtrier du Morholt ?

7 Quels arguments emploie Tristan pour la dissuader de venger son oncle ?

8 Comment Tristan échappe-t-il à la colère du roi d'Irlande, lorsqu'il avoue être le vainqueur du Morholt ?

9 Quel sentiment anime Iseult lorsqu'elle réalise que Tristan la demande en mariage non pas pour lui-même mais pour le roi Marc ?

10 Quel incident, lors du voyage de retour, sur la nef qui emmène Iseult dans le royaume de son futur époux, change le destin de Tristan et Iseult ?

Vocabulaire et grammaire

11 Donnez l'antonyme* du mot *méfait* (page 37, ligne 132).

*antonyme : mot de sens opposé à un autre.

12 Comment est formé cet antonyme ?

13 À quel mode est le verbe : « *octroyez-le !* » (page 36, ligne 111) ? Qu'est-ce qu'il exprime ?

ÉTUDIER LE DISCOURS

14 Indiquez le récepteur* dans le passage suivant. Relevez les mots qui le désignent et donnez leur nature. « *Roi, un homme est là, qui prétend convaincre votre sénéchal de mensonge et de félonie. À cet homme prêt à prouver qu'il a délivré votre terre du fléau et que votre fille ne doit pas être abandonnée à un couard, promettez-vous de pardonner ses torts anciens, si grands soient-ils, et de lui accorder votre merci et votre paix ?* » (page 36, lignes 103 à 108).

*récepteur : personne qui reçoit le message.

15 Tristan essaie de convaincre le roi d'Irlande de lui confier sa fille. Quels arguments utilise-t-il ?

ÉTUDIER LA FONCTION DU CHAPITRE 4

16 Cochez la bonne réponse. Ce chapitre constitue dans le schéma narratif* :

❏ la situation initiale*.

❏ une péripétie*.

❏ l'élément perturbateur*.

*schéma narratif : il comprend cinq étapes.

*situation initiale : partie qui débute un texte naratif.

*péripétie : action, événement qui fait progresser un texte narratif de la situation initiale (début) vers la situation finale.

*élément perturbateur : événement qui modifie la situation initiale d'un texte narratif.

Tristan et Iseult

LIRE L'IMAGE

17) Observez attentivement la miniature de la page 40. Quel moment du récit illustre-t-elle ?

18) Qui pourraient être les quatre personnages représentés ?

À VOS PLUMES !

19) Un(e) camarade(s) refuse de vous accompagner à une fête parce qu'il (elle) est abattu(e).
Après avoir écouté la raison de cet abattement, vous tentez de le (la) convaincre de vous suivre, en utilisant quelques arguments judicieux.

Chapitre 5

[Devenue reine de Cornouailles, Iseult semble heureuse, elle est aimée et honorée dans son nouveau pays, le roi la chérit sans se douter des liens qui l'unissent à Tristan. En effet, le soir de ses noces, Iseult avait demandé à Brangien de la remplacer dans le lit nuptial, pour éviter que son époux découvre que la reine n'est pas vierge. Mais celle-ci s'inquiète car le châtiment réservé à la femme adultère et au chevalier félon est terrible. Craignant une indiscrétion de sa fidèle servante, la reine demande à deux serfs de l'entraîner au fond d'un bois et de la tuer. Mais, attendris par les supplications de la jeune fille, ceux-ci lui laissent la vie sauve. Lorsqu'ils rentrent à Tintagel, Iseult, qui regrette déjà le sacrifice de Brangien, les accable de reproches si bien qu'ils lui avouent avoir désobéi et ramènent la demoiselle saine et sauve auprès de la reine.]

Chapitre 6

LE GRAND PIN

[Les barons félons qui épient Tristan ne tardent pas à s'apercevoir de l'amour que la reine lui porte et ils avertissent le roi Marc. Mais la rusée Brangien veille et aucune preuve ne peut être apportée contre sa maîtresse. Cependant, le soupçon tourmente le roi. Pour y échapper, il demande, à regret, que son neveu s'éloigne de sa cour. La mort dans l'âme, celui-ci fait semblant de partir, mais il se cache à proximité. Sous l'effet du philtre magique, les deux amants se languissent, au point que leur santé en est altérée. Brangien trouve une ruse qui leur permet de communiquer : certains soirs, en l'absence du roi, les amants peuvent ainsi se retrouver sous le grand pin qui surplombe la rivière du verger royal.]

1   Iseult a recouvré la joie : le soupçon de Marc se dissipe et les félons comprennent, au contraire, que Tristan a revu la reine. Mais Brangien fait si bonne garde qu'ils épient vainement. Enfin, le duc Andret, que Dieu honnisse ! dit à ses compagnons :
5   « Seigneurs, prenons conseil de Frocin, le nain bossu. Il connaît les sept arts, la magie et toutes manières d'enchantements. Il sait, à la naissance d'un enfant, observer si bien les sept planètes et le cours des étoiles, qu'il conte par avance tous les points de sa vie. Il découvre, par la puissance de Bugibus et de

Noiron, les choses secrètes. Il nous enseignera, s'il veut, les ruses d'Iseult la Blonde. »

En haine de beauté et de prouesse[1], le petit homme méchant traça les caractères de sorcellerie, jeta ses charmes et ses sorts, considéra le cours d'Orion et de Lucifer, et dit :

« Vivez en joie, beaux seigneurs ; cette nuit vous pourrez les saisir. »

Ils le menèrent devant le roi.

« Sire, dit le sorcier, mandez à vos veneurs qu'ils mettent la laisse aux limiers et la selle aux chevaux ; annoncez que sept jours et sept nuits vous vivrez dans la forêt, pour conduire votre chasse, et vous me pendrez aux fourches si vous n'entendez pas, cette nuit même, quel discours Tristan tient à la reine. »

Le roi fit ainsi, contre son cœur. La nuit tombée, il laissa ses veneurs dans la forêt, prit le nain en croupe[2], et retourna vers Tintagel. Par une entrée qu'il savait, il pénétra dans le verger, et le nain le conduisit sous le grand pin.

« Beau roi, il convient que vous montiez dans les branches de cet arbre. Portez là-haut votre arc et vos flèches : ils vous serviront peut-être. Et tenez-vous coi : vous n'attendrez pas longuement.

— Va-t-en, chien de l'Ennemi ! » répondit Marc.

Et le nain s'en alla, emmenant le cheval.

Il avait dit vrai : le roi n'attendit pas longuement. Cette nuit, la lune brillait, claire et belle. Caché dans la ramure[3], le roi vit son neveu bondir par-dessus les pieux aigus. Tristan vint sous l'arbre et jeta dans l'eau les copeaux et les branchages. Mais, comme il s'était penché sur la fontaine en les jetant, il vit, réfléchie dans l'eau, l'image du roi. Ah ! s'il pouvait arrêter les copeaux qui fuient ! Mais non, ils courent, rapides, par le verger.

---

1. en haine de beauté et de prouesse : détestant la beauté et la prouesse.

2. prit en croupe : monta le nain sur son cheval.

3. la ramure : les branches.

Là-bas, dans les chambres des femmes, Iseult épie[1] leur venue ; déjà, sans doute, elle les voit, elle accourt. Que Dieu protège les amants ! Elle vient. Assis, immobile, Tristan la regarde, et, dans l'arbre, il entend le crissement de la flèche qui s'encoche[2] dans la corde de l'arc.

Elle vient, agile et prudente pourtant, comme elle avait coutume. « Qu'est-ce donc ? pense-t-elle. Pourquoi Tristan n'accourt-il pas ce soir à ma rencontre ? aurait-il vu quelque ennemi ? »

Elle s'arrête, fouille du regard les fourrés noirs ; soudain, à la clarté de la lune, elle aperçut à son tour l'ombre du roi dans la fontaine. Elle montra bien la sagesse des femmes, en ce qu'elle ne leva point les yeux vers les branches de l'arbre : « Seigneur Dieu ! dit-elle tout bas, accordez-moi seulement que je puisse parler la première ! »

Elle s'approche encore. Écoutez comme elle devance et prévient son ami :

« Sire Tristan, qu'avez-vous osé ? M'attirer en tel lieu, à telle heure ! Maintes fois déjà vous m'aviez mandée, pour me supplier, disiez-vous. Et par quelle prière ? Qu'attendez-vous de moi ? Je suis venue enfin, car je n'ai pu l'oublier, si je suis reine, je vous le dois. Me voici donc : que voulez-vous ?

— Reine, vous crier merci, afin que vous apaisiez le roi ! »

Elle tremble et pleure. Mais Tristan loue le Seigneur Dieu, qui a montré le péril à son amie.

« Oui, reine, je vous ai mandée souvent et toujours en vain ; jamais, depuis que le roi m'a chassé, vous n'avez daigné venir à mon appel. Mais prenez en pitié le chétif que voici ; le roi me hait, j'ignore pourquoi ; mais vous le savez peut-être ; et qui donc pourrait charmer sa colère, sinon vous seule, reine franche, courtoise Iseult, en qui son cœur se fie ?

---

1. **épie** : guette.   2. **s'encoche** : s'engage dans l'encoche.

« — En vérité, sire Tristan, ignorez-vous encore qu'il nous soupçonne tous les deux ? Et de quelle traîtrise ! faut-il, par surcroît de honte, que ce soit moi qui vous l'apprenne ? Mon seigneur croit que je vous aime d'amour coupable. Dieu le sait pourtant, et, si je mens, qu'il honnisse mon corps ! jamais je n'ai donné mon amour à nul homme, hormis[1] à celui qui le premier m'a prise, vierge, entre ses bras. Et vous voulez, Tristan, que j'implore du roi votre pardon ? Mais s'il savait seulement que je suis venue sous ce pin, demain il ferait jeter ma cendre aux vents ! »

Tristan gémit :

« Bel oncle, on dit : "Nul n'est vilain[2], s'il ne fait vilenie[3]." Mais en quel cœur a pu naître un tel soupçon ?

— Sire Tristan, que voulez-vous dire ? Non, le roi mon seigneur n'eût pas de lui-même imaginé telle vilenie. Mais les félons de cette terre lui ont fait accroire ce mensonge, car il est facile de décevoir les cœurs loyaux. Ils s'aiment, lui ont-ils dit, et les félons nous l'ont tourné à crime. Oui, vous m'aimiez, Tristan ; pourquoi le nier ? ne suis-je pas la femme de votre oncle et ne vous avais-je pas deux fois sauvé de la mort ? Oui, je vous aimais en retour : n'êtes-vous pas du lignage du roi, et n'ai-je pas ouï maintes fois ma mère répéter qu'une femme n'aime pas son seigneur tant qu'elle n'aime pas la parenté de son seigneur ? C'est pour l'amour du roi que je vous aimais, Tristan ; maintenant encore, s'il vous reçoit en grâce, j'en serai joyeuse. Mais mon corps tremble, j'ai grand-peur, je pars, j'ai trop demeuré déjà. »

Dans la ramure, le roi eut pitié et sourit doucement. Iseult s'enfuit, Tristan la rappelle :

« Reine, au nom du Sauveur, venez à mon secours, par charité ! Les couards voulaient écarter du roi tous ceux qui l'aiment ; ils ont réussi et le raillent[4] maintenant. Soit ; je m'en irai donc

---

Notes

1. **hormis** : en dehors de.
2. **vilain** : méprisable.
3. **vilenie** : mauvaise action.
4. **le raillent** : s'en moquent.

Tristan et Iseult

hors de ce pays, au loin, misérable, comme j'y vins jadis : mais, tout au moins, obtenez du roi qu'en reconnaissance des services passés, afin que je puisse sans honte chevaucher loin d'ici, il me donne du sien[1] assez pour acquitter mes dépenses, pour dégager mon cheval et mes armes.

— Non, Tristan, vous n'auriez pas dû m'adresser cette requête[2]. Je suis seule sur cette terre, seule en ce palais où nul ne m'aime, sans appui, à la merci du roi. Si je lui dis un seul mot pour vous, ne voyez-vous pas que je risque la mort honteuse ? Ami, que Dieu vous protège ! Le roi vous hait à grand tort ! Mais, en toute terre où vous irez, le Seigneur Dieu vous sera un ami vrai. »

Elle part et fuit jusqu'à sa chambre, où Brangien la prend, tremblante, entre ses bras. La reine lui dit l'aventure ; Brangien s'écrie :

« Iseult, ma dame, Dieu a fait pour vous un grand miracle ! Il est père compatissant[3] et ne veut pas le mal de ceux qu'il sait innocents. »

Sous le grand pin, Tristan, appuyé contre le perron de marbre, se lamentait :

« Que Dieu me prenne en pitié et répare la grande injustice que je souffre de mon cher seigneur ! »

Quand il eut franchi la palissade[4] du verger, le roi dit en souriant :

« Beau neveu, bénie soit cette heure ! Vois : la lointaine chevauchée que tu préparais ce matin, elle est déjà finie ! »

Là-bas, dans une clairière de la forêt, le nain Frocin interrogeait le cours des étoiles. Il y lut que le roi le menaçait de mort ; il noircit de peur et de honte, enfla de rage, et s'enfuit prestement[5] vers la terre de Galles.

Notes

1. **il me donne du sien** : il me donne de ses biens.
2. **requête** : demande.
3. **compatissant** : humain.
4. **palissade** : clôture.
5. **prestement** : rapidement.

Chapitre 7

Le nain Frocin

Le roi Marc a fait sa paix avec Tristan. Il lui a donné congé de revenir au château, et, comme naguère, Tristan couche dans la chambre du roi, parmi les privés et les fidèles. À son gré, il y peut entrer, il en peut sortir : le roi n'en a plus souci. Mais qui donc peut longtemps tenir ses amours secrètes ? Hélas ! amour ne se peut celer[1] !

Marc avait pardonné aux félons, et, comme le sénéchal Dinas de Lidan avait un jour trouvé dans une forêt lointaine, errant et misérable, le nain bossu, il le ramena au roi, qui eut pitié et lui pardonna son méfait[2].

Mais sa bonté ne fit qu'exciter la haine des barons ; ayant de nouveau surpris Tristan et la reine, ils se lièrent par ce serment : si le roi ne chassait pas son neveu hors du pays, ils se retireraient dans leurs forts châteaux pour le guerroyer. Ils appelèrent le roi à parlement :

« Seigneur, aime-nous, hais-nous, à ton choix : mais nous voulons que tu chasses Tristan. Il aime la reine, et le voit qui veut ; mais nous, nous ne le souffrirons plus. »

---

1. celer : cacher.   2. méfait : action nuisible.

Le roi les entend, soupire, baisse le front vers la terre, se tait.
« Non, roi, nous ne le souffrirons plus, car nous savons maintenant que cette nouvelle, naguère étrange, n'est plus pour te surprendre et que tu consens à leur crime. Que feras-tu ? Délibère et prends conseil. Pour nous, si tu n'éloignes pas ton neveu sans retour, nous nous retirerons sur nos baronnies et nous entraînerons aussi nos voisins hors de ta cour, car nous ne pouvons supporter qu'ils y demeurent. Tel est le choix que nous t'offrons ; choisis donc !

— Seigneurs, une fois j'ai cru aux laides paroles que vous disiez de Tristan, et je m'en suis repenti[1]. Mais vous êtes mes féaux[2], et je ne veux pas perdre le service de mes hommes. Conseillez-moi donc, je vous en requiers, vous qui me devez le conseil. Vous savez bien que je fuis tout orgueil et toute démesure.

— Donc, seigneur, mandez ici le nain Frocin. Vous vous défiez de lui, pour l'aventure du verger. Pourtant, n'avait-il pas lu dans les étoiles que la reine viendrait ce soir-là sous le pin ? Il sait maintes choses ; prenez son conseil. »

Il accourut, le bossu maudit, et Denoalen l'accola[3]. Écoutez quelle trahison il enseigna au roi :

« Sire, commande à ton neveu que demain, dès l'aube, au galop, il chevauche vers Carduel pour porter au roi Arthur un bref[4] sur parchemin, bien scellé de cire. Roi, Tristan couche près de ton lit. Sors de ta chambre à l'heure du premier sommeil, et, je te le jure par Dieu et par la loi de Rome, s'il aime Iseult de fol amour, il voudra venir lui parler avant son départ : mais, s'il y vient sans que je le sache et sans que tu le voies, alors tue-moi. Pour le reste, laisse-moi mener l'aventure à ma guise et garde-toi seulement de parler à Tristan de ce message avant l'heure du coucher.

Notes

1. **je m'en suis repenti** : je l'ai regretté.
2. **féaux** : amis fidèles.
3. **l'accola** : l'embrassa.
4. **bref** : écrit.

— Oui, répondit Marc, qu'il en soit fait ainsi ! »

Alors le nain fit une laide félonie. Il entra chez un boulanger et lui prit pour quatre deniers de fleur de farine qu'il cacha dans le giron de sa robe. Ah ! qui se fût jamais avisé de telle traîtrise ? La nuit venue, quand le roi eut pris son repas et que ses hommes furent endormis par la vaste salle voisine de sa chambre, Tristan s'en vint, comme il avait coutume, au coucher du roi Marc.

« Beau neveu, faites ma volonté : vous chevaucherez vers le roi Arthur jusqu'à Carduel, et vous lui ferez déplier ce bref. Saluez-le de ma part et ne séjournez qu'un jour auprès de lui.

— Roi, je le porterai demain.

— Oui, demain, avant que le jour se lève. »

Voilà Tristan en grand émoi. De son lit au lit de Marc il y avait bien la longueur d'une lance. Un désir furieux le prit de parler à la reine, et il se promit en son cœur que, vers l'aube, si Marc dormait, il se rapprocherait d'elle. Ah ! Dieu ! la folle pensée !

Le nain couchait, comme il en avait coutume, dans la chambre du roi. Quand il crut que tous dormaient, il se leva et répandit entre le lit de Tristan et celui de la reine la fleur de farine : si l'un des deux amants allait rejoindre l'autre, la farine garderait la forme de ses pas. Mais, comme il l'éparpillait, Tristan, qui restait éveillé, le vit :

« Qu'est-ce à dire ? Ce nain n'a pas coutume de me servir pour mon bien ; mais il sera déçu : bien fou qui lui laisserait prendre l'empreinte de ses pas ! »

À la mi-nuit, le roi se leva et sortit, suivi du nain bossu. Il faisait noir dans la chambre : ni cierge allumé, ni lampe. Tristan se dressa debout sur son lit. Dieu ! pourquoi eut-il cette pensée ? Il joint les pieds, estime la distance, bondit et retombe sur le lit du roi. Hélas ! la veille, dans la forêt, le boutoir d'un grand sanglier l'avait navré à la jambe, et, pour son malheur, la blessure n'était point bandée. Dans l'effort de ce bond, elle s'ouvre, saigne ; mais Tristan ne voit pas le sang qui fuit et rougit les draps. Et dehors, à la lune, le nain, par son art de sortilège, connut que les amants étaient réunis. Il en trembla de joie et dit au roi :

«Va, et maintenant, si tu ne les surprends pas ensemble, fais-moi pendre!»

Ils viennent donc vers la chambre, le roi, le nain et les quatre félons. Mais Tristan les a entendus : il se relève, s'élance, atteint son lit... Hélas! au passage, le sang a malement coulé de la blessure sur la farine.

Voici le roi, les barons, et le nain qui porte une lumière. Tristan et Iseult feignaient de dormir; ils étaient restés seuls dans la chambre avec Perinis, qui couchait aux pieds de Tristan et ne bougeait pas. Mais le roi voit sur le lit les draps tout vermeils et, sur le sol, la fleur de farine trempée de sang frais.

Alors les quatre barons, qui haïssaient Tristan pour sa prouesse, le maintiennent sur son lit, et menacent la reine et la raillent, la narguent et lui promettent bonne justice. Ils découvrent la blessure qui saigne :

«Tristan, dit le roi, nul démenti ne vaudrait désormais; vous mourrez demain.»

Il lui crie :

«Accordez-moi merci, seigneur! Au nom du Dieu qui souffrit la Passion, seigneur, pitié pour nous!

— Seigneur, venge-toi! répondent les félons.

— Bel oncle, ce n'est pas pour moi que je vous implore; que m'importe de mourir? Certes, n'était la crainte de vous courroucer, je vendrais cher cet affront aux couards qui, sans votre sauvegarde, n'auraient pas osé toucher mon corps de leurs mains; mais, par respect et pour l'amour de vous, je me livre à votre merci; faites de moi selon votre plaisir. Me voici, seigneur, mais pitié pour la reine!»

Et Tristan s'incline et s'humilie à ses pieds.

«Pitié pour la reine, car s'il est un homme en ta maison assez hardi pour soutenir ce mensonge que je l'ai aimée d'amour coupable, il me trouvera debout devant lui en champ clos. Sire, grâce pour elle, au nom du Seigneur Dieu ! »

Mais les trois barons l'ont lié de cordes, lui et la reine. Ah ! s'il avait su qu'il ne serait pas admis à prouver son innocence en combat singulier[1], on l'eût démembré[2] vif avant qu'il eût souffert d'être lié vilement.

Mais il se fiait en Dieu et savait qu'en champ clos nul n'oserait brandir une arme contre lui. Et, certes, il se fiait justement en Dieu. Quand il jurait qu'il n'avait jamais aimé la reine d'amour coupable, les félons riaient de l'insolente imposture. Mais je vous appelle, seigneurs, vous qui savez la vérité du philtre bu sur la mer et qui comprenez, disait-il mensonge ? Ce n'est pas le fait qui prouve le crime, mais le jugement. Les hommes voient le fait, mais Dieu voit les cœurs, et, seul, il est vrai juge. Il a donc institué que tout homme accusé pourrait soutenir son droit par bataille, et lui-même combat avec l'innocent. C'est pourquoi Tristan réclamait justice et bataille et se garda de manquer en rien au roi Marc. Mais, s'il avait pu prévoir ce qui advint, il aurait tué les félons. Ah ! Dieu ! pourquoi ne les tua-t-il pas ?

Notes

1. **combat singulier** : combat contre un seul individu.

2. **on l'eût démembré** : on lui eût arraché les membres.

Le roi Marc surprend Tristan et Iseult endormis dans la forêt, *Le Roman de la Poire*, XIIIe siècle.

Au fil du texte

Questions sur les chapitres 5 à 7 (pages 46 à 57)

Avez-vous bien lu ?

1) Comment Iseult est-elle accueillie à Tintagel ?

2) Quel est le rôle de Brangien ?

3) Quelle injustice Iseult commet-elle envers Brangien ?

4) Que révèlent les quatre barons félons au roi Marc ?

5) Quelle décision le roi prend-il ?

6) Par quel moyen Tristan communique-t-il avec sa bien-aimée ?

7) Qui conseille le roi, pour lui permettre de surprendre les deux amants ?

8) Comment ceux-ci déjouent-ils le piège ?

9) Quel nouveau piège est tendu à Tristan ?

10) Quelle est l'issue de ce nouvel incident ?

Étudier le vocabulaire et la grammaire

11) Modifiez le passage suivant, en remplaçant *le roi* par *les seigneurs*.
« *Le roi fit ainsi, contre son cœur. La nuit tombée, il laissa ses veneurs dans la forêt [...], et retourna vers Tintagel. Par une entrée qu'il savait, il pénétra dans le verger* » (page 48, lignes 23 à 25).

12) Par quel type de phrase* Iseult devance-t-elle et prévient-elle son ami ?

> ***type de phrase :** à chaque acte de parole (manière de s'adresser à quelqu'un) correspond un type de phrase : déclaratif, interrogatif, impératif ou exclamatif.

ÉTUDIER L'ÉCRITURE

13) Quelle figure de style* est utilisée dans cette phrase : *« — Va-t-en, chien de l'Ennemi ! »* (page 48, ligne 31) ? À qui cette phrase s'adresse-t-elle ?

14) Quel sentiment l'émetteur* exprime-t-il envers le récepteur* ?

> **figure de style :* mots ou ensemble de mots ayant pour fonction d'illustrer ou d'embellir le discours. Exemples : métaphore, comparaison, personnification.
>
> **émetteur :* personne qui produit le message.
> **récepteur :* personne qui reçoit le message

ÉTUDIER LE DISCOURS

15) Le narrateur* est-il un personnage de l'histoire ou est-il extérieur ?

16) Dans le passage suivant, le narrateur émet un jugement sur l'un des personnages. Soulignez les mots qui expriment cet avis : *« Enfin, le duc Andret, que dieu honnisse ! dit à ses compagnons : »* (page 47, lignes 3-4).

> **narrateur :* personne qui raconte l'histoire.

17) À quel registre de langue* appartiennent ces mots du chapitre 6 ?
maintes fois (l. 58) — mandée (l. 58) — chétif (l. 67) — se fie (l. 70) — hormis (l. 76).
Donnez, pour chacun, un mot équivalent dans un autre registre de langue.

> **registre de langue :* niveau de langue ; il peut être courant, familier ou soutenu.

LIRE L'IMAGE

18) Qui sont les trois personnages de l'image page 57 ? Retrouvez aussi ce document en couleurs au verso de la couverture.

19) Les deux personnages de droite sont-ils conscients de la présence du troisième personnage ?

20) Avec quelle intention ce troisième personnage, qui est à cheval, s'est-il rendu à cet endroit ?

Chapitre 8

LE SAUT DE LA CHAPELLE

[Très courroucé, le roi Marc fait saisir les coupables et les condamne au bûcher, malgré les supplications de son peuple qui admire son neveu et chérit la reine. Mais une occasion de s'échapper s'offre au condamné : sur le chemin du supplice se trouve une chapelle ; Tristan demande à ses gardiens la permission de se recueillir une dernière fois. Ceux-ci acceptent et le preux s'évade en sautant dans le vide du haut de la chapelle. Le fidèle Gorvenal le rejoint et lui fournit un cheval et des armes. Ensemble, ils décident de tenter de sauver Iseult.]

1   Or, quand Tristan s'était précipité de la falaise, un pauvre homme de la gent menue l'avait vu se relever et fuir. Il avait couru vers Tintagel et s'était glissé jusqu'en la chambre d'Iseult :
    « Reine, ne pleurez plus. Votre ami s'est échappé !
5   — Dieu, dit-elle, en soit remercié ! Maintenant, qu'ils me lient ou me délient, qu'ils m'épargnent ou qu'ils me tuent, je n'en ai plus souci ! »
    Or, les félons avaient si cruellement serré les cordes de ses poignets que le sang jaillissait. Mais, souriante, elle dit :
10 « Si je pleurais pour cette souffrance, alors qu'en sa bonté Dieu vient d'arracher mon ami à ces félons, certes, je ne vaudrais guère ! »

Quand la nouvelle parvint au roi que Tristan s'était échappé par la verrière, il blêmit[1] de courroux[2] et commanda à ses hommes de lui amener Iseult.

On l'entraîne ; hors de la salle, sur le seuil, elle apparaît ; elle tend ses mains délicates, d'où le sang coule. Une clameur monte par la rue : « Ô Dieu, pitié pour elle ! Reine franche, reine honorée, quel deuil ont jeté sur cette terre ceux qui vous ont livrée ! Malédiction sur eux ! »

La reine est traînée jusqu'au bûcher d'épines, qui flambe. Alors, Dinas, seigneur de Lidan, se laissa choir[3] aux pieds du roi :

« Sire, écoute-moi : je t'ai servi longuement, sans vilenie[4], en loyauté, sans en retirer nul profit : car il n'est pas un pauvre homme, ni un orphelin, ni une vieille femme, qui me donnerait un denier de ta sénéchaussée[5], que j'ai tenue toute ma vie. En récompense, accorde-moi que tu recevras la reine à merci. Tu veux la brûler sans jugement : c'est forfaire[6], puisqu'elle ne reconnaît pas le crime dont tu l'accuses. Songes-y, d'ailleurs. Si tu brûles son corps, il n'y aura plus de sûreté sur la terre : Tristan s'est échappé ; il connaît bien les plaines, les bois, les gués, les passages, et il est hardi. Certes, tu es son oncle, et il ne s'attaquera pas à toi ; mais tous les barons, tes vassaux, qu'il pourra surprendre, il les tuera. »

Et les quatre félons pâlissent à l'entendre : déjà ils voient Tristan embusqué, qui les guette.

« Roi, dit le sénéchal, s'il est vrai que je t'ai bien servi toute ma vie, livre-moi Iseult : je répondrai d'elle comme son garde et son garant. »

Mais le roi prit Dinas par la main et jura par le nom des saints qu'il ferait immédiate justice.

Alors Dinas se releva :

Notes

1. **il blêmit** : il pâlit.
2. **courroux** : colère.
3. **choir** : tomber.
4. **sans vilenie** : sans traîtrise.
5. **sénéchaussée** : fonction de sénéchal.
6. **forfaire** : mal agir.

« Roi, je m'en retourne à Lidan et je renonce à votre service. »
Iseult sourit tristement. Il monte sur son destrier[1] et s'éloigne, marri[2] et morne[3], le front baissé.

Iseult se tient debout devant la flamme. La foule, à l'entour, crie, maudit le roi, maudit les traîtres. Les larmes coulent le long de sa face. Elle est vêtue d'un étroit bliaut gris, où court un filet d'or menu ; un fil d'or est tressé dans ses cheveux, qui tombent jusqu'à ses pieds. Qui pourrait la voir si belle sans la prendre en pitié aurait un cœur de félon. Dieu ! comme ses bras sont étroitement liés !

Or, cent lépreux, déformés, la chair rongée et toute blanchâtre, accourus sur leurs béquilles au claquement des crécelles[4], se pressaient devant le bûcher, et, sous leurs paupières enflées, leurs yeux sanglants jouissaient du spectacle.

Yvain, le plus hideux des malades, cria au roi d'une voix aiguë : « Sire, tu veux jeter ta femme en ce brasier, c'est bonne justice, mais trop brève. Ce grand feu l'aura vite brûlée, ce grand vent aura vite dispersé sa cendre. Et, quand cette flamme tombera tout à l'heure, sa peine sera finie. Veux-tu que je t'enseigne pire châtiment, en sorte qu'elle vive, mais à grand déshonneur, et toujours souhaitant la mort ? Roi, le veux-tu ? »

Le roi répondit :

« Oui, la vie pour elle, mais à grand déshonneur et pire que la mort... Qui m'enseignera un tel supplice, je l'en aimerai mieux.

— Sire, je te dirai donc brièvement ma pensée. Vois, j'ai là cent compagnons. Donne-nous Iseult, et qu'elle nous soit commune ! Le mal attise nos désirs. Donne-la à tes lépreux, jamais dame n'aura fait pire fin. Vois, nos haillons[5] sont collés à nos plaies qui suintent[6]. Elle qui, près de toi, se plaisait aux

---

Notes
1. **destrier** : cheval.
2. **marri** : fâché.
3. **morne** : triste.
4. **crécelles** : moulinets de bois bruyants par lesquels les lépreux signalaient leur présence.
5. **haillons** : vêtements en lambeaux.
6. **suintent** : s'écoulent lentement.

riches étoffes fourrées de vair[1], aux joyaux, aux salles parées de marbre, elle qui jouissait des bons vins, de l'honneur, de la joie, quand elle verra la cour de tes lépreux, quand il lui faudra entrer sous nos taudis bas et coucher avec nous, alors Iseult la Belle, la Blonde, reconnaîtra son péché et regrettera ce beau feu d'épines!»

Le roi l'entend, se lève, et longuement reste immobile. Enfin, il court vers la reine et la saisit par la main. Elle crie :

«Par pitié, sire, brûlez-moi plutôt, brûlez-moi!»

Le roi la livre. Yvain la prend et les cent malades se pressent autour d'elle. À les entendre crier et glapir[2], tous les cœurs se fondent de pitié; mais Yvain est joyeux; Iseult s'en va, Yvain l'emmène. Hors de la cité descend le hideux cortège. Ils ont pris la route où Tristan est embusqué. Gorvenal jette un cri :

«Fils, que feras-tu? Voici ton amie!»

Tristan pousse son cheval hors du fourré :

«Yvain, tu lui as assez longtemps fait compagnie; laisse-la maintenant, si tu veux vivre!»

Mais Yvain dégrafe son manteau.

«Hardi, compagnons! À vos bâtons! À vos béquilles! C'est l'instant de montrer sa prouesse!»

Alors, il fit beau voir les lépreux rejeter leurs chapes[3], se camper sur leurs pieds malades, souffler, crier, brandir leurs béquilles : l'un menace et l'autre grogne. Mais il répugnait à Tristan de les frapper; les conteurs prétendent que Tristan tua Yvain : c'est dire vilenie; non, il était trop preux pour occire[4] telle engeance[5]. Mais Gorvenal, ayant arraché une forte pousse de chêne, l'assena sur le crâne d'Yvain; le sang noir jaillit et coula jusqu'à ses pieds difformes.

Notes

1. **vair** : fourrure de «petit-gris», écureuil du Nord.
2. **glapir** : faire entendre des cris aigus.
3. **chapes** : capes.
4. **occire** : tuer.
5. **engeance** : catégorie de gens méprisables.

Tristan reprit la reine : désormais, elle ne sent plus nul mal. Il trancha les cordes de ses bras, et, quittant la plaine, ils s'enfoncèrent dans la forêt du Morois. Là, dans les grands bois, Tristan se sent en sûreté comme derrière la muraille d'un fort château.

Quand le soleil pencha, ils s'arrêtèrent au pied d'un mont ; la peur avait lassé la reine ; elle reposa sa tête sur le corps de Tristan et s'endormit.

Au matin, Gorvenal déroba à un forestier son arc et deux flèches bien empennées et barbelées et les donna à Tristan, le bon archer, qui surprit un chevreuil et le tua. Gorvenal fit un amas de branches sèches, battit le fusil, fit jaillir l'étincelle et alluma un grand feu pour cuire la venaison ; Tristan coupa des branchages, construisit une hutte et la recouvrit de feuillée ; Iseult la joncha[1] d'herbes épaisses.

Alors, au fond de la forêt sauvage, commença pour les fugitifs l'âpre vie, aimée pourtant.

---

1. **joncha** : couvrit.

Chapitre 9

[Les deux amants, fidèlement servis par Gorvenal, trouvent refuge dans la forêt du Morois et y survivent péniblement. Le chien de Tristan, Husdent, qui depuis la fuite de son maître se languit, parvient à les rejoindre et reste avec eux, aidant le chevalier à chasser. Un jour, les fugitifs arrivent par hasard à la chapelle d'un vieil ermite, le frère Ogrin. Celui-ci les incite à se repentir et conseille à Tristan de rendre la reine à son époux. Mais, contraints de s'aimer par la force magique du philtre, les deux amants ne peuvent se résoudre à se séparer. Ils reprennent leur vie errante à l'abri des arbres. Le baron félon Guenelon, qui chasse dans les parages, est surpris par Gorvenal; celui-ci lui tranche la tête afin de débarrasser Tristan d'un ennemi. Un forestier découvre la cachette des fugitifs et prévient le roi Marc. Celui-ci s'y rend seul et surprend les amoureux dans leur sommeil. Mais, s'apercevant qu'ils ont gardé leurs vêtements et que leurs corps sont séparés par l'épée de Tristan, le roi est convaincu de leur innocence. Il décide de les épargner une fois de plus et retourne à Tintagel, non sans avoir laissé des traces de son passage, pour prouver sa clémence. Cependant, craignant que cette bienveillance ne fût feinte, les deux amants se réfugient au plus profond de la forêt du Morois.]

Chapitre 10

L'ermite Ogrin

À trois jours de là, comme Tristan avait longuement suivi les erres[1] d'un cerf blessé, la nuit tomba, et sous le bois obscur, il se prit à songer :

«Non, ce n'est point par crainte que le roi nous a épargnés. Il avait pris mon épée, je dormais, j'étais à sa merci, il pouvait frapper; à quoi bon du renfort? Et s'il voulait me prendre vif, pourquoi, m'ayant désarmé, m'aurait-il laissé sa propre épée? Ah! je t'ai reconnu, père : non par peur, mais par tendresse et par pitié, tu as voulu nous pardonner. Nous pardonner? Qui donc pourrait, sans s'avilir, remettre un tel forfait? Non, il n'a point pardonné, mais il a compris. Il a connu qu'au bûcher, au saut de la chapelle, à l'embuscade contre les lépreux, Dieu nous avait pris en sa sauvegarde. Il s'est alors rappelé l'enfant qui, jadis, harpait[2] à ses pieds, et ma terre de Loonnois, abandonnée pour lui, et l'épieu du Morholt, et le sang versé pour son honneur. Il s'est rappelé que je n'avais pas reconnu mon tort, mais vainement réclamé jugement, droit et bataille, et la noblesse de son cœur l'a incliné à comprendre les choses qu'autour de lui ses

---

Notes

1. **erres** : errance.   2. **harpait** : jouait de la harpe.

Tristan et Iseult

hommes ne comprennent pas : non qu'il sache ni jamais puisse savoir la vérité de notre amour; mais il doute, il espère, il sent que je n'ai pas dit mensonge, il désire que par jugement je trouve mon droit. Ah! bel oncle, vaincre en bataille par l'aide de Dieu, gagner votre paix, et pour vous, revêtir encore le haubert et le heaume! Qu'ai-je pensé? Il reprendrait Iseult : je la lui livrerais? Que ne m'a-t-il égorgé plutôt dans mon sommeil! Naguère, traqué par lui, je pouvais le haïr et l'oublier : il avait abandonné Iseult aux malades; elle n'était plus à lui, elle était mienne. Voici que par sa compassion[1] il a réveillé ma tendresse et reconquis la reine. La reine? Elle était reine près de lui, et dans ce bois elle vit comme une serve. Qu'ai-je fait de sa jeunesse? Au lieu de ses chambres tendues de draps de soie, je lui donne cette forêt sauvage; une hutte, au lieu de ses belles courtines; et c'est pour moi qu'elle suit cette route mauvaise. Au seigneur Dieu, roi du monde, je crie merci et je le supplie qu'il me donne la force de rendre Iseult au roi Marc. N'est-elle pas sa femme, épousée selon la loi de Rome, devant tous les riches hommes de sa terre?» Tristan s'appuie sur son arc, et longuement se lamente dans la nuit.

Dans le fourré clos de ronces qui leur servait de gîte, Iseult la Blonde attendait le retour de Tristan. À la clarté d'un rayon de lune, elle vit luire à son doigt l'anneau d'or que Marc y avait glissé. Elle songea :

«Celui qui par belle courtoisie m'a donné cet anneau d'or n'est pas l'homme irrité qui me livrait aux lépreux; non, c'est le seigneur compatissant qui, du jour où j'ai abordé sur sa terre, m'accueillit et me protégea. Comme il aimait Tristan! Mais je suis venue, et qu'ai-je fait? Tristan ne devrait-il pas vivre au palais du roi, avec cent damoiseaux[2] autour de lui, qui seraient de sa mesnie[3] et le serviraient pour être armés chevaliers? Ne

---

Notes

1. **compassion** : pitié.
2. **damoiseaux** : jeunes gentilshommes.
3. **mesnie** : suite.

devrait-il pas, chevauchant par les cours et les baronnies, chercher soudées et aventures ? Mais, pour moi, il oublie toute chevalerie, exilé de la cour, pourchassé dans ce bois, menant cette vie sauvage !... »

Elle entendit alors sur les feuilles et les branches mortes s'approcher le pas de Tristan. Elle vint à sa rencontre comme à son ordinaire, pour lui prendre ses armes. Elle lui enleva des mains l'arc Qui-ne-faut et ses flèches, et dénoua les attaches de son épée.

« Amie, dit Tristan, c'est l'épée du roi Marc. Elle devait nous égorger, elle nous a épargnés. »

Iseult prit l'épée, en baisa la garde d'or ; et Tristan vit qu'elle pleurait.

« Amie, dit-il, si je pouvais faire accord avec le roi Marc ! S'il m'admettait à soutenir par la bataille que jamais, ni en fait, ni en paroles, je ne vous ai aimée d'amour coupable, tout chevalier de son royaume depuis Lidan jusqu'à Durham qui m'oserait contredire me trouverait armé en champ clos. Puis, si le roi voulait souffrir de me garder en sa mesnie, je le servirais à grand honneur, comme mon seigneur et mon père ; et, s'il préférait m'éloigner et vous garder, je passerais en Frise ou en Bretagne, avec Gorvenal comme seul compagnon. Mais partout où j'irais, reine, et toujours, je resterais vôtre. Iseult, je ne songerais pas à cette séparation, n'était la dure misère que vous supportez pour moi depuis si longtemps, belle, en cette terre déserte.

— Tristan, qu'il vous souvienne de l'ermite Ogrin dans son bocage ! Retournons vers lui, et puissions-nous crier merci au puissant roi céleste, Tristan, ami ! »

Ils éveillèrent Gorvenal ; Iseult monta sur le cheval, que Tristan conduisit par le frein, et, toute la nuit, traversant pour la dernière fois les bois aimés, ils cheminèrent sans une parole.

Au matin, ils prirent du repos, puis marchèrent encore, tant qu'ils parvinrent à l'ermitage[1]. Au seuil de sa chapelle, Ogrin lisait en un livre. Il les vit, et, de loin, les appela tendrement. «Amis! comme amour vous traque de misère en misère! Combien durera votre folie? Courage! repentez-vous enfin!» Tristan lui dit :

«Écoutez, sire Ogrin. Aidez-nous pour offrir un accord au roi. Je lui rendrais la reine. Puis, je m'en irais au loin, en Bretagne ou en Frise; un jour, si le roi voulait me souffrir près de lui, je reviendrais et le servirais comme je dois.»

Inclinée aux pieds de l'ermite, Iseult dit à son tour, dolente[2] : «Je ne vivrai plus ainsi. Je ne dis pas que je me repente d'avoir aimé et d'aimer Tristan, encore et toujours; mais nos corps, du moins, seront désormais séparés.»

L'ermite pleura et adora Dieu : «Dieu, beau roi tout-puissant! Je vous rends grâces de m'avoir laissé vivre assez longtemps pour venir en aide à ceux-ci!» Il les conseilla sagement, puis il prit de l'encre et du parchemin et écrivit un bref où Tristan offrait un accord au roi. Quand il y eut écrit toutes les paroles que Tristan lui dit, celui-ci les scella de son anneau.

«Qui portera ce bref? demanda l'ermite.

— Je le porterai moi-même.

— Non, sire Tristan, vous ne tenterez point cette chevauchée hasardeuse; j'irai pour vous, je connais bien les êtres du château.

— Laissez, beau sire Ogrin; la reine restera en votre ermitage; à la tombée de la nuit, j'irai avec mon écuyer, qui gardera mon cheval.»

Quand l'obscurité descendit sur la forêt, Tristan se mit en route avec Gorvenal. Aux portes de Tintagel, il le quitta. Sur les murs, les guetteurs sonnaient leurs trompes[3]. Il se coula dans le fossé et traversa la ville au péril de son corps. Il franchit

---

Notes
1. **ermitage** : lieu écarté et solitaire.
2. **dolente** : gémissante.
3. **trompes** : trompettes.

comme autrefois les palissades aiguës du verger, revit le perron de marbre, la fontaine et le grand pin, et s'approcha de la fenêtre derrière laquelle le roi dormait. Il l'appela doucement. Marc s'éveilla :

« Qui es-tu, toi qui m'appelles dans la nuit, à pareille heure ?

— Sire, je suis Tristan, je vous apporte un bref ; je le laisse là, sur le grillage de cette fenêtre. Faites attacher votre réponse à la branche de la Croix Rouge.

— Pour l'amour de Dieu, beau neveu, attends-moi ! »

Il s'élança sur le seuil, et, par trois fois, cria dans la nuit :

« Tristan ! Tristan ! Tristan, mon fils ! »

Mais Tristan avait fui. Il rejoignit son écuyer et, d'un bond léger, se mit en selle :

« Fou ! dit Gorvenal, hâte-toi, fuyons par ce chemin. »

Ils parvinrent enfin à l'ermitage où ils trouvèrent, les attendant, l'ermite qui priait, Iseult qui pleurait.

Au fil du texte
Questions sur les chapitres 8 à 10 (pages 60 à 70)

AVEZ-VOUS BIEN LU ?

1 Comment Tristan échappe-t-il au châtiment par le feu ?

2 Comment Yseult échappe-t-elle aux lépreux ?

3 Où les deux amants se réfugient-ils ?

4 Qui les surprend un jour ?

5 Quelles sont les conséquences de cet incident ?

6 Quels sont les alliés de Tristan et Yseult ?

7 Quels sont les ennemis des deux amants ?

8 Comment se nourrissent-ils dans la forêt ?

9 Où logent-ils ?

10 Comment le chien Husdent les aide-t-il ?

11 Quel est le rôle de l'ermite Ogrin ?

12 Qui porte le bref au roi Marc ?

ÉTUDIER LE VOCABULAIRE ET LA GRAMMAIRE

13 Dans la phrase, « *Le roi la livre* [aux lépreux] » (page 63, ligne 82), quel est le sens du verbe *livrer* ? Ce verbe a un autre sens.
Écrivez une phrase où il aura ce second sens.

14 Donnez un nom qui est un homonyme* du mot *livre*.

***homonyme** : mot qui se prononce de la même façon qu'un autre mais dont le sens et l'orthographe sont différents. Exemple : pin et pain.

⑮ Comment appelle-t-on l'ensemble des sens d'un mot polysémique* ?

*polysémique : qui a plusieurs sens différents.

⑯ Donnez un synonyme* du mot *naguère* (page 67, ligne 25).

*synonyme : mot qui a le même sens qu'un autre.

ÉTUDIER L'ÉCRITURE

⑰ Quel procédé de style est utilisé dans la phrase suivante : *« Là, dans les grands bois, Tristan se sent en sûreté comme derrière la muraille d'un fort château »* (page 64, lignes 104 à 105) ?

⑱ Quels sont les mots dont le sens s'oppose dans la phrase suivante : *« Elle était reine près de lui, et dans ce bois elle vit comme une serve »* (page 67, lignes 29 à 30) ?

ÉTUDIER UN THÈME : LES CHIENS CÉLÈBRES

⑲ La littérature de toutes époques a immortalisé des personnages de chiens « célèbres ». Rendez à chacun son maître, en les reliant par une flèche.

    Milou •   • Ulysse
    Belle •   • Tintin
    Argos •   • Sébastien

À VOS PLUMES !

⑳ Dans ce chapitre, le chien Husdent joue un rôle non négligeable. Rédigez un récit où un animal de votre choix vient en aide à un être humain.

Chapitre 11

LE GUÉ AVENTUREUX

[Dans son message, Tristan rappelle les services rendus au roi Marc au péril de sa vie, rejette l'accusation de traîtrise envers son seigneur et propose de se rendre, à condition qu'il puisse prouver son innocence en combat singulier, selon la coutume de l'époque. Ensuite, si tel est le souhait de son oncle, il se dit prêt à traverser la mer, s'éloignant à jamais de son royaume. En échange, il demande que la reine reprenne sa place à Tintagel et qu'elle soit traitée avec tous les honneurs dus à son rang. Le roi accepte. Avant de se séparer d'Iseult, Tristan lui confie son chien, Husdent, comme gage de fidélité, et elle lui offre à son tour un anneau de jaspe vert qui, à l'avenir, servira de signe de reconnaissance pour tout messager envoyé par son amant.]

1   Pourtant, le roi faisait crier par la Cornouailles la nouvelle qu'à trois jours de là, au Gué Aventureux, il ferait accord avec la reine. Dames et chevaliers se rendirent en foule à cette assemblée ; tous désiraient revoir la reine Iseult, tous l'aimaient, sauf
5   les trois félons qui survivaient encore.

Mais, de ces trois, l'un mourra par l'épée, l'autre périra transpercé par une flèche, l'autre noyé ; et, quant au forestier, Perinis, le Franc, le Blond, l'assommera à coups de bâton, dans le bois.

Ainsi Dieu, qui hait toute démesure, vengera les amants de leurs ennemis.

Au jour marqué pour l'assemblée, au Gué Aventureux, la prairie brillait au loin, toute tendue et parée des riches tentes des barons. Dans la forêt, Tristan chevauchait avec Iseult, et, par crainte d'une embûche[1], il avait revêtu son haubert sous ses haillons. Soudain, tous deux apparurent au seuil de la forêt et virent au loin, parmi les barons, le roi Marc.

« Amie, dit Tristan, voici le roi votre seigneur, ses chevaliers et ses soudoyers[2] ; ils viennent vers nous ; dans un instant nous ne pourrons plus nous parler. Par le Dieu puissant et glorieux, je vous conjure : si jamais je vous adresse un message, faites ce que je vous manderai !

— Ami Tristan, dès que j'aurai revu l'anneau de jaspe vert, ni tour, ni mur, ni fort château ne m'empêcheront de faire la volonté de mon ami.

— Iseult, Dieu t'en sache gré ! »

Leurs deux chevaux marchaient côte à côte : il l'attira vers lui et la pressa entre ses bras.

« Ami, dit Iseult, entends ma dernière prière : tu vas quitter ce pays ; attends du moins quelques jours ; cache-toi tant que tu saches comment me traite le roi, dans sa colère ou sa bonté !... Je suis seule : qui me défendra des félons ? J'ai peur ! Le forestier Orri t'hébergera secrètement ; glisse-toi la nuit jusqu'au cellier[3] ruiné : j'y enverrai Perinis pour te dire si nul me maltraite.

— Amie, nul n'osera. Je resterai caché chez Orri : quiconque te fera outrage, qu'il se garde de moi comme de l'Ennemi ! » Les deux troupes s'étaient assez rapprochées pour échanger leurs saluts. À une portée d'arc en avant des siens, le roi chevauchait hardiment ; avec lui, Dinas de Lidan.

---

1. **embûche** : piège.
2. **soudoyers** : soldats à la solde du roi.
3. **cellier** : lieu aménagé pour y conserver des provisions.

Tristan et Iseult

Quand les barons l'eurent rejoint, Tristan, tenant par les rênes le palefroi[1] d'Iseult, salua le roi et dit :

« Roi, je te rends Iseult la Blonde. Devant les hommes de ta terre, je te requiers de m'admettre à me défendre en ta cour. Jamais je n'ai été jugé. Fais que je me justifie par bataille : vaincu, brûle-moi dans le soufre ; vainqueur, retiens-moi près de toi ; ou, si tu ne veux pas me retenir, je m'en irai vers un pays lointain. »

Nul n'accepta le défi de Tristan. Alors, Marc prit à son tour le palefroi d'Iseult par les rênes, et, la confiant à Dinas, se mit à l'écart pour prendre conseil.

Joyeux, Dinas fit à la reine maint honneur et mainte courtoisie. Il lui ôta sa chape d'écarlate somptueuse, et son corps apparut gracieux sous la tunique fine et le grand bliaut de soie. Et la reine sourit au souvenir du vieil ermite, qui n'avait pas épargné ses deniers. Sa robe est riche, ses membres délicats, ses yeux vairs, ses cheveux clairs comme des rayons de soleil.

Quand les félons la virent belle et honorée comme jadis, irrités, ils chevauchèrent vers le roi. À ce moment, un baron, André de Nicole, s'efforçait de le persuader :

« Sire, disait-il, retiens Tristan près de toi ; tu seras, grâce à lui, un roi plus redouté. »

Et, peu à peu, il assouplissait le cœur de Marc. Mais les félons vinrent à l'encontre et dirent :

« Roi, écoute le conseil que nous te donnons en loyauté. On a médit de la reine ; à tort, nous te l'accordons ; mais si Tristan et elle rentrent ensemble à ta cour, on en parlera de nouveau. Laisse plutôt Tristan s'éloigner quelque temps ; un jour, sans doute, tu le rappelleras. »

Marc fit ainsi : il fit mander à Tristan par ses barons de s'éloigner sans délai. Alors, Tristan vint vers la reine et lui dit adieu.

---

1. palefroi : cheval.

⁷⁰ Ils se regardèrent. La reine eut honte à cause de l'assemblée et rougit.

Mais le roi fut ému de pitié, et parlant à son neveu pour la première fois :

« Où iras-tu, sous ces haillons ? Prends dans mon trésor ce que ⁷⁵ tu voudras, or, argent, vair et gris[1].

— Roi, dit Tristan, je n'y prendrai ni un denier, ni une maille. Comme je pourrai, j'irai servir à grand-joie le riche roi de Frise. »

Il tourna bride et descendit vers la mer. Iseult le suivit du ⁸⁰ regard, et, si longtemps qu'elle put l'apercevoir au loin, ne se détourna point.

À la nouvelle de l'accord, grands et petits, hommes, femmes et enfants, accoururent en foule hors de la ville à la rencontre d'Iseult ; et, menant grand-deuil de l'exil de Tristan, ils faisaient ⁸⁵ fête à leur reine retrouvée. Au bruit des cloches, par les rues bien jonchées, encourtinées[2] de soie, le roi, les comtes et les princes lui firent cortège ; les portes du palais s'ouvrirent à tout venant ; riches et pauvres purent s'asseoir et manger, et, pour célébrer ce jour, Marc, ayant affranchi cent de ses serfs, donna ⁹⁰ l'épée et le haubert à vingt bacheliers qu'il arma de sa main. Cependant, la nuit venue, Tristan, comme il l'avait promis à la reine, se glissa chez le forestier Orri, qui l'hébergea secrètement dans le cellier ruiné. Que les félons se gardent !

Notes

1. gris : petit-gris, fourrure d'écureuil gris du Nord ; synonyme de *vair*.

2. encourtinées : couvertes de tentures.

Chapitres 12, 13, 14

[Craignant une nouvelle attaque des barons félons contre sa bien-aimée, Tristan fait semblant de partir, mais il reste à proximité. En effet, dès qu'ils la croient sans défense, ceux-ci exigent que la reine prouve son innocence par l'épreuve des flammes et un serment sacré. Iseult accepte à condition que le roi Arthur y assiste et se porte garant à jamais de son innocence, une fois que l'épreuve l'aura attestée. Grâce au concours de Tristan déguisé en pèlerin et à des paroles habilement choisies, la reine sort blanchie du jugement et tous les soupçons qui pèsent sur elle sont dissipés.

Avant de quitter Tintagel pour le pays de Galles, Tristan provoque un nouveau rendez-vous secret avec Iseult. Enhardi par le succès de cette entreprise, il prend le risque de la revoir plusieurs fois, si bien qu'ils sont surpris par les trois barons félons qui haïssent toujours Tristan. Celui-ci réussit à en tuer deux, mais le troisième lui échappe. Comme les amants se doutent que le traître ne tardera pas à avertir le roi de la présence de Tristan auprès de son épouse, ils décident, la mort dans l'âme, de se séparer.

Tristan est chaleureusement accueilli par le duc Gilain en pays de Galles et devient son compagnon d'armes. Il vainc son ennemi juré et demande comme récompense un chien dont le grelot enchanté chasse toute pensée morose. Il en fait cadeau à Iseult, mais celle-ci, s'apercevant du sortilège, jette le grelot à la mer, car elle veut partager le malheur avec son amant.]

L'amour caché. Fabrice Luchini et
Arielle Dombasle dans *Perceval le Gallois*
d'Éric Rohmer (1978).

Chapitre 15

Yseult aux Blanches Mains

[Pour tenter d'oublier son chagrin, Tristan reprend la route, accompagné de son fidèle écuyer, Gorvenal. Un jour, ils arrivent en terre de Bretagne où règne le duc Hoël. Le pays est dévasté par la guerre, le souverain s'est retranché dans son château de Carhaix avec son fils Kaherdin. Tristan leur demande d'être reçu.]

Ils l'accueillirent avec honneur. Kaherdin fit visiter à son hôte les fortes murailles et la tour maîtresse, bien flanquée de bretèches palissadées où s'embusquaient[1] les arbalétriers[2]. Des créneaux, il lui fit voir dans la plaine, au loin, les tentes et les pavillons plantés par le comte Riol. Quand ils furent revenus au seuil du château, Kaherdin dit à Tristan : « Or, bel ami, nous monterons à la salle où sont ma mère et ma sœur. »

Tous deux, se tenant par la main, entrèrent dans la chambre des femmes. La mère et la fille, assises sur une courtepointe, paraient d'orfroi[3] un paile d'Angleterre[4] et chantaient une chanson de toile : elles disaient comment Belle Doette, assise au vent

---

1. **s'embusquaient** : se cachaient.
2. **arbalétriers** : soldats armés d'une arbalète.
3. **orfroi** : broderie.
4. **paile d'Angleterre** : vêtement.

sous l'épine blanche, attend et regrette Doon son ami, si lent à venir. Tristan les salua et elles le saluèrent, puis les deux chevaliers s'assirent auprès d'elles. Kaherdin, montrant l'étole que brodait sa mère :

« Voyez, dit-il, bel ami Tristan, quelle ouvrière est ma dame : comme elle sait à merveille orner les étoles et les chasubles[1] pour en faire aumône aux moutiers[2] pauvres ! et comme les mains de ma sœur font courir les fils d'or sur ce samit blanc ! Par foi, belle sœur, c'est à droit que vous avez nom Iseult aux Blanches Mains ! »

Alors Tristan, connaissant qu'elle s'appelait Iseult, sourit et la regarda plus doucement.

Or, le comte Riol avait dressé son camp à trois milles de Carhaix, et, depuis bien des jours, les hommes du duc Hoël n'osaient plus, pour l'assaillir, franchir les barres. Mais, dès le lendemain, Tristan, Kaherdin et douze jeunes chevaliers sortirent de Carhaix, les haubertsendossés, les heaumes lacés, et chevauchèrent sous des bois de sapins jusqu'aux approches des tentes ennemies ; puis, s'élançant de l'aguet, ils enlevèrent par force un charroi du comte Riol. À partir de ce jour, variant maintes fois ruses et prouesses, ils culbutaient ses tentes mal gardées, attaquaient ses convois, navraient[3] et tuaient ses hommes et jamais ils ne rentraient dans Carhaix sans y ramener quelque proie. Par là, Tristan et Kaherdin commencèrent à se porter foi et tendresse, tant qu'ils se jurèrent amitié et compagnonnage. Jamais ils ne faussèrent cette parole, comme l'histoire vous l'apprendra.

Or, tandis qu'ils revenaient de ces chevauchées, parlant de chevalerie et de courtoisie, souvent Kaherdin louait à son cher compagnon sa sœur Iseult aux Blanches Mains, la simple, la belle.

---

1. **chasubles** : manteaux à deux pans.
2. **moutiers** : monastères.
3. **navraient** : blessaient.

80 | *Tristan et Iseult*

Un matin, comme l'aube venait de poindre, un guetteur descendit en hâte de sa tour et courut par les salles en criant :

«Seigneurs, vous avez trop dormi! Levez-vous, Riol vient faire l'assaillie[1]!»

Chevaliers et bourgeois s'armèrent et coururent aux murailles : ils virent dans la plaine briller les heaumes, flotter les pennons de cendal, et tout l'ost[2] de Riol qui s'avançait en bel arroi. Le duc Hoël et Kaherdin déployèrent aussitôt devant les portes les premières batailles de chevaliers. Arrivés à la portée d'un arc, ils brochèrent les chevaux, lances baissées, et les flèches tombaient sur eux comme pluie d'avril.

Mais Tristan s'armait à son tour avec ceux que le guetteur avait réveillés les derniers. Il lace ses chausses, passe le bliaut, les housseaux étroits et les éperons d'or; il endosse le haubert, fixe le heaume sur la ventaille[3]; il monte, éperonne son cheval jusque dans la plaine et paraît, l'écu dressé contre sa poitrine, en criant : «Carhaix!» Il était temps : déjà les hommes d'Hoël reculaient vers les bailes. Alors il fit beau voir la mêlée des chevaux abattus et des vassaux navrés, les coups portés par les jeunes chevaliers, et l'herbe qui, sous leurs pas, devenait sanglante. En avant de tous, Kaherdin s'était fièrement arrêté, en voyant poindre[4] contre lui un hardi baron, le frère du comte Riol. Tous deux se heurtèrent des lances baissées. Le Nantais brisa la sienne sans ébranler Kaherdin, qui, d'un coup plus sûr, écartela l'écu de l'adversaire et lui planta son fer bruni dans le côté jusqu'au gonfanon[5]. Soulevé de selle, le chevalier vide les arçons et tombe. Au cri que poussa son frère, le comte Riol s'élança contre Kaherdin, le frein abandonné. Mais Tristan lui barra le passage. Quand ils se heurtèrent, la lance de Tristan se rompit à son poing, et celle de Riol, rencontrant le poitrail du

---

Notes

1. **faire l'assaillie** : donner l'assaut.
2. **ost** : armée.
3. **ventaille** : partie de la visière des casques clos, par où passe l'air.
4. **poindre** : se jeter sur.
5. **gonfanon** : bannière de guerre.

cheval ennemi, pénétra dans les chairs et l'étendit mort sur le pré. Tristan, aussitôt relevé, l'épée fourbie à la main :

« Couard, dit-il, la male mort à qui laisse le maître pour navrer le cheval ! Tu ne sortiras pas vivant de ce pré !

— Je crois que vous mentez ! » répondit Riol en poussant sur lui son destrier.

Mais Tristan esquiva l'atteinte, et, levant le bras, fit lourdement tomber sa lame sur le heaume de Riol, dont il embarra le cercle et emporta le nasal. La lame glissa de l'épaule du chevalier au flanc du cheval, qui chancela et s'abattit à son tour. Riol parvint à s'en débarrasser et se redressa ; à pied tous deux, l'écu troué, fendu, le haubert démaillé, ils se requièrent et s'assaillent ; enfin Tristan frappe Riol sur l'escarboucle[1] de son heaume. Le cercle cède, et le coup était si fortement asséné que le baron tombe sur les genoux et sur les mains :

« Relève-toi, si tu peux, vassal, lui cria Tristan ; à la male heure es-tu venu dans ce champ ; il te faut mourir ! »

Riol se remet en pied, mais Tristan l'abat encore d'un coup qui fendit le heaume, trancha la coiffe et découvrit le crâne. Riol implora merci, demanda la vie sauve et Tristan reçut son épée. Il la prit à temps, car de toutes parts les Nantais étaient venus à la rescousse de leur seigneur. Mais déjà leur seigneur était recréant[2].

Riol promit de se rendre en la prison du duc Hoël, de lui jurer de nouveau hommage et foi, de restaurer les bourgs et les villages brûlés. Par son ordre, la bataille s'apaisa, et son ost s'éloigna.

Quand les vainqueurs furent rentrés dans Carhaix, Kaherdin dit à son père :

---

1. escarboucle : pierre précieuse rouge grenat.   **2. recréant** : vaincu.

«Sire, mandez Tristan, et retenez-le ; il n'est pas de meilleur chevalier, et votre pays a besoin d'un baron de telle prouesse. »
Ayant pris le conseil de ses hommes, le duc Hoël appela Tristan :
« Ami, je ne saurais trop vous aimer, car vous m'avez conservé cette terre. Je veux donc m'acquitter envers vous. Ma fille, Iseult aux Blanches Mains, est née de ducs, de rois et de reines. Prenez-la, je vous la donne.
— Sire, je la prends », dit Tristan.

Ah ! seigneurs, pourquoi dit-il cette parole ? Mais, pour cette parole, il mourut.

Jour est pris, terme fixé. Le duc vient avec ses amis, Tristan avec les siens. Le chapelain chante la messe. Devant tous, à la porte du moutier, selon la loi de sainte Église, Tristan épouse Iseult aux Blanches Mains. Les noces furent grandes et riches. Mais la nuit venue, tandis que les hommes de Tristan le dépouillaient de ses vêtements, il advint que, en retirant la manche trop étroite de son bliaut, ils enlevèrent et firent choir de son doigt son anneau de jaspe vert, l'anneau d'Iseult la Blonde. Il sonne clair sur les dalles.

Tristan regarde et le voit. Alors son ancien amour se réveille, et Tristan connaît son forfait[1].

Il lui ressouvint du jour où Iseult la Blonde lui avait donné cet anneau : c'était dans la forêt, où, pour lui, elle avait mené l'âpre vie. Et, couché auprès de l'autre Iseult, il revit la hutte du Morois. Par quelle forsennerie[2] avait-il en son cœur accusé son amie de trahison ? Non, elle souffrait pour lui toute misère, et lui seul l'avait trahie.

Mais il prenait aussi en compassion Iseult, sa femme, la simple, la belle. Les deux Iseult l'avaient aimé à la male heure. À toutes les deux il avait menti sa foi[3].

Notes

1. **connaît son forfait** : se rend compte qu'il a mal agi.
2. **forsennerie** : méprise.
3. **il avait menti sa foi** : il avait manqué à sa parole.

Pourtant, Iseult aux Blanches Mains s'étonnait de l'entendre soupirer, étendu à ses côtés. Elle lui dit enfin, un peu honteuse :

« Cher seigneur, vous ai-je offensé en quelque chose ? Pourquoi ne me donnez-vous pas un seul baiser ? Dites-le-moi, que je connaisse mon tort, et je vous en ferai belle amendise, si je puis.

— Amie, dit Tristan, ne vous courroucez pas, mais j'ai fait un vœu. Naguère, en un autre pays, j'ai combattu un dragon, et j'allais périr, quand je me suis souvenu de la Mère de Dieu : je lui ai promis que, délivré du monstre par sa courtoisie, si jamais je prenais femme, tout un an je m'abstiendrais de l'accoler et de l'embrasser...

— Or donc, dit Iseult aux Blanches Mains, je le souffrirai bonnement. »

Mais quand les servantes, au matin, lui ajustèrent la guimpe[1] des femmes épousées, elle sourit tristement, et songea qu'elle n'avait guère droit à cette parure.

Note | **1. guimpe :** chemisette sans manches.

Tristan et Iseult

Le chevalier et sa dame, XIVe siècle.

Au fil du texte

Questions sur les chapitres 11 à 15 (pages 73 à 85)

AVEZ-VOUS BIEN LU ?

1) Quelle suite donne le roi Marc aux propositions de Tristan ?

2) Tristan quitte-t-il Tintagel, comme il l'avait promis ?

3) Quels cadeaux les amants avaient-ils échangés, avant de se séparer définitivement ?

4) Où Tristan s'est-il caché avant de quitter la Cornouailles ?

5) Quelle nouvelle exigence les barons félons formulent-ils ?

6) À la demande de la reine, quel souverain étranger avait assisté au jugement ?

7) Quelle est l'issue de cette épreuve ?

8) Comment Tristan avait-il aidé la reine lors de cette épreuve ?

9) Les félons renoncent-ils à comploter contre la reine ? Justifiez votre réponse.

10) Quelle décision Tristan est-il obligé de prendre pour mettre Iseult à l'abri des médisances ?

11) Dans quel pays finit-il par s'établir ?

12) Quel service rend-il au duc Hoël ?

13) Comment celui-ci le récompense-t-il ?

14) Est-ce une décision heureuse ?

15) Qui est le nouveau compagnon d'armes de Tristan ?

ÉTUDIER LE VOCABULAIRE ET LA GRAMMAIRE

16 Justifiez l'accord du participe passé dans la phrase suivante : « *Les deux troupes s'étaient assez rapprochées pour échanger leurs saluts* » (page 74, lignes 35 à 37).

17 Comment est formé le mot *maltraiter* ? Donnez deux autres mots formés de la même façon.

18 Voici une liste de mots qui se ressemblent. Sont-ils de la même famille ? Justifiez votre réponse.
outrage — outrageant — outrager — outrancier — outre.

ÉTUDIER LE DISCOURS

19 Dans le passage suivant, à quels temps sont les verbes conjugués ? « *La mère et la fille,* [...] *s'assirent auprès d'elles* » (page 79, lignes 9 à 14). Indiquez leurs valeurs d'utilisation.

ÉTUDIER UN THÈME : LE SYMBOLE*

20 L'anneau de jaspe vert qu'Iseult confie à Tristan (chap. 11) est un objet symbole. Il symbolise ici la fidélité que les deux amants se sont jurée.
À votre avis, que symbolise :

a) une colombe blanche ?

b) une balance en équilibre ?

c) un crâne au-dessus de deux os croisés ?

> *symbole : objet ou représentation concrète (matérielle) de quelque chose d'abstrait (qui n'existe que sous forme d'idée).

ÉTUDIER LA FONCTION DU CHAPITRE 11

21 Cochez la bonne réponse. Quelle est la fonction du retour d'Iseult ?

- ❏ le dénouement*.
- ❏ une péripétie*.
- ❏ un élément de résolution*.

*dénoument : issue de l'histoire.

*péripétie : action, événement qui fait progresser un texte narratif de la situation initiale (le début) vers la situation finale.

*élément de résolution : événement qui résout le problème posé par l'élément perturbateur à la fin de la situation initiale dans le schéma narratif.

LIRE L'IMAGE

22 Généralement, dans les romans courtois du Moyen Âge, le chevalier dédie ses exploits à la dame de ses pensées qui reste inaccessible à son amour. Pensez-vous que cela soit le cas pour les deux personnages de l'image de la page 78 ? Justifiez votre réponse.

23 Quels éléments indiquent, sur cette image, que les personnages vivent au Moyen Âge ?

À VOS PLUMES !

24 Vous devez prendre une décision importante. Un(e) ami(e) tente de vous convaincre d'agir dans un certain sens. Rédigez ce dialogue.

Chapitre 16

[Triste d'être délaissée par son époux, Iseult aux Blanches Mains finit par se confier à son frère. Celui-ci reproche à Tristan sa froideur envers sa jeune épouse. Pour se justifier, le chevalier révèle à Kaherdin le secret de sa passion pour la reine de Cornouailles. Pendant ce temps, celle-ci, ayant appris le mariage de son amant, est plongée dans la détresse. Kaherdin incite Tristan à se rendre à Tintagel pour vérifier les liens qui l'unissent à Iseult la Blonde et propose de l'accompagner. Les deux jeunes gens mettent leur projet à exécution. Ils sont cachés par Dinas de Lidan qui, fidèle à son amitié pour Tristan, se charge de transmettre à la reine un message de son amant.]

Chapitre 17

DINAS DE LIDAN

Dinas retourna donc à Tintagel, monta les degrés et entra dans la salle. Sous le dais[1], le roi Marc et Iseult la Blonde étaient assis à l'échiquier. Dinas prit place sur un escabeau près de la reine, comme pour observer son jeu, et par deux fois, feignant de lui désigner les pièces, il posa sa main sur l'échiquier : à la seconde fois, Iseult reconnut à son doigt l'anneau de jaspe. Alors, elle eut assez joué. Elle heurta légèrement le bras de Dinas, en telle guise que plusieurs paonnets tombèrent en désordre.

« Voyez, sénéchal, dit-elle, vous avez troublé mon jeu, et de telle sorte que je ne saurais le reprendre. »

Marc quitte la salle, Iseult se retire en sa chambre et fait venir le sénéchal auprès d'elle :

« Ami, vous êtes messager de Tristan ?

— Oui, reine, il est à Lidan, caché dans mon château.

— Est-il vrai qu'il ait pris femme en Bretagne ?

— Reine, on vous a dit la vérité. Mais il assure qu'il ne vous a point trahie ; que pas un seul jour il n'a cessé de vous chérir par-dessus toutes les femmes ; qu'il mourra, s'il ne vous revoit... une

---

Note

1. **dais** : baldaquin.

Tristan et Iseult

fois seulement : il vous semond d'y consentir, par la promesse que vous lui fîtes le dernier jour où il vous parla. »

La reine se tut quelque temps, songeant à l'autre Iseult. Enfin, elle répondit :

« Oui, au dernier jour où il me parla, j'ai dit, il m'en souvient : "Si jamais je revois l'anneau de jaspe vert, ni tour, ni fort château, ni défense royale ne m'empêcheront de faire la volonté de mon ami, que ce soit sagesse ou folie..."

— Reine, à deux jours d'ici, la cour doit quitter Tintagel pour gagner la Blanche-Lande ; Tristan vous mande[1] qu'il sera caché sur la route, dans un fourré d'épines. Il vous mande que vous le preniez en pitié.

— Je l'ai dit : ni tour, ni fort château, ni défense royale ne m'empêcheront de faire la volonté de mon ami. »

Le surlendemain, tandis que toute la cour de Marc s'apprêtait au départ de Tintagel, Tristan et Gorvenal, Kaherdin et son écuyer revêtirent le haubert, prirent leurs épées et leurs écus, et, par des chemins secrets, se mirent à la voie vers le lieu désigné. À travers la forêt, deux routes conduisaient vers la Blanche-Lande : l'une belle et bien ferrée, par où devait passer le cortège, l'autre pierreuse et abandonnée. Tristan et Kaherdin apostèrent sur celle-ci leurs deux écuyers ; ils les attendraient en ce lieu, gardant leurs chevaux et leurs écus.

Eux-mêmes se glissèrent sous bois et se cachèrent dans un fourré. Devant ce fourré, sur la route, Tristan déposa une branche de coudrier où s'enlaçait un brin de chèvrefeuille. Bientôt, le cortège apparaît sur la route. C'est d'abord la troupe du roi Marc. Viennent en belle ordonnance les fourriers et les maréchaux, les queux et les échansons, viennent les chapelains, viennent les valets de chiens menant lévriers et brachets, puis les fauconniers portant les oiseaux sur le poing gauche, puis les

---

1. **mande** : transmet.

veneurs, puis les chevaliers et les barons ; ils vont leur petit train, bien arrangés deux par deux, et il fait beau les voir, richement montés sur chevaux harnachés de velours semé d'orfèvrerie[1]. Puis le roi Marc passa, et Kaherdin s'émerveillait de voir ses privés autour de lui, deux deçà et deux delà, habillés tous de drap d'or ou d'écarlate. Alors s'avance le cortège de la reine. Les lavandières[2] et les chambrières[3] viennent en tête, ensuite les femmes et les filles des barons et des comtes. Elles passent une à une ; un jeune chevalier escorte chacune d'elles. Enfin approche un palefroi monté par la plus belle que Kaherdin ait jamais vue de ses yeux : elle est bien faite de corps et de visage, les hanches un peu basses, les sourcils bien tracés, les yeux riants, les dents menues ; une robe de rouge samit la couvre ; un mince chapelet d'or et de pierreries pare son front poli.

« C'est la reine, dit Kaherdin à voix basse.

— La reine ? dit Tristan ; non, c'est Camille, sa servante. » Alors s'en vient, sur un palefroi vair, une autre damoiselle, plus blanche que neige en février, plus merveille que rose ; ses yeux clairs frémissent comme l'étoile dans la fontaine.

« Or, je la vois, c'est la reine ! dit Kaherdin.

— Eh ! non, dit Tristan, c'est Brangien la Fidèle. »

Mais la route s'éclaira tout à coup, comme si le soleil ruisselait soudain à travers les feuillages des grands arbres, et Iseult la Blonde apparut. Le duc Andret, que Dieu honnisse ! chevauchait à sa droite.

À cet instant, partirent du fourré d'épines des chants de fauvettes et d'alouettes, et Tristan mettait en ces mélodies toute sa tendresse. La reine a compris le message de son ami. Elle remarque sur le sol la branche de coudrier où le chèvrefeuille s'enlace fortement, et songe en son cœur : « Ainsi va de nous, ami ; ni vous sans moi, ni moi sans vous. » Elle arrête son pale-

---

1. orfèvrerie : pierres précieuses.
2. lavandières : servantes chargées de l'entretien du linge.
3. chambrières : femmes de chambre.

Tristan et Iseult

froi, descend, vient vers une haquenée[1] qui portait une niche enrichie de pierreries ; là, sur un tapis de pourpre[2], était couché le chien Petit-Crû : elle le prend entre ses bras, le flatte de la main, le caresse de son manteau d'hermine, lui fait mainte fête. Puis, l'ayant replacé dans sa châsse, elle se tourne vers le fourré d'épines et dit à voix haute :

« Oiseaux de ce bois, qui m'avez réjouie de vos chansons, je vous prends à louage[3]. Tandis que mon seigneur Marc chevauchera jusqu'à la Blanche-Lande, je veux séjourner dans mon château de Saint-Lubin. Oiseaux, faites-moi cortège jusque-là ; ce soir, je vous récompenserai richement, comme de bons ménestrels[4]. »

Tristan retint ses paroles et se réjouit. Mais déjà Andret le Félon s'inquiétait. Il remit la reine en selle et le cortège s'éloigna.

Or, écoutez une male aventure. Dans le temps où passait le cortège royal, là-bas, sur l'autre route où Gorvenal et l'écuyer de Kaherdin gardaient les chevaux de leurs seigneurs, survint un chevalier en armes, nommé Bleheri. Il reconnut de loin Gorvenal et l'écu de Tristan : « Qu'ai-je vu ? pensa-t-il ; c'est Gorvenal et cet autre est Tristan lui-même. » Il éperonna son cheval vers eux et cria : « Tristan ! » Mais déjà les deux écuyers avaient tourné bride et fuyaient. Bleheri, lancé à leur poursuite, répétait :

« Tristan ! arrête, je t'en conjure par ta prouesse ! »

Mais les écuyers ne se retournèrent pas. Alors Bleheri cria : « Tristan, arrête, je t'en conjure par le nom d'Iseult la Blonde ! »

Trois fois il conjura les fuyards par le nom d'Iseult la Blonde. Vainement : ils disparurent, et Bleheri ne put atteindre qu'un de leurs chevaux, qu'il emmena comme sa capture. Il parvint

---

Notes

1. haquenée : cheval ou jument facile à monter.
2. pourpre : étoffe rouge vif.
3. je vous prends à louage : je vous prends à témoin.
4. ménestrels : musiciens et chanteurs ambulants.

au château de Saint-Lubin au moment où la reine venait de s'y héberger. Et, l'ayant trouvée seule, il lui dit :

« Reine, Tristan est dans ce pays. Je l'ai vu sur la route abandonnée qui vient de Tintagel. Il a pris la fuite. Trois fois je lui ai crié de s'arrêter, le conjurant au nom d'Iseult la Blonde ; mais il avait pris peur, il n'a pas osé m'attendre.

— Beau sire, vous dites mensonge et folie : comment Tristan serait-il en ce pays ? Comment aurait-il fui devant vous ? Comment ne se serait-il pas arrêté, conjuré par mon nom ?

— Pourtant, dame, je l'ai vu, à telles enseignes que j'ai pris l'un de ses chevaux. Voyez-le tout harnaché, là-bas, sur l'aire. »

Mais Bleheri vit Iseult courroucée. Il en eut deuil, car il aimait Tristan et la reine. Il la quitta, regrettant d'avoir parlé. Alors, Iseult pleura et dit : « Malheureuse ! j'ai trop vécu, puisque j'ai vu le jour où Tristan me raille[1] et me honnit[2] ! Jadis, conjuré par mon nom, quel ennemi n'aurait-il pas affronté ? Il est hardi de son corps : s'il a fui devant Bleheri, s'il n'a pas daigné s'arrêter au nom de son amie, ah ! c'est que l'autre Iseult le possède ! Pourquoi est-il revenu ? Il m'avait trahie, il a voulu me honnir par surcroît ! N'avait-il pas assez de mes tourments anciens ? Qu'il s'en retourne donc, honni à son tour, vers Iseult aux Blanches Mains ! » Elle appela Perinis le Fidèle, et lui redit les nouvelles que Bleheri lui avait portées. Elle ajouta :

« Ami, cherche Tristan sur la route abandonnée qui va de Tintagel à Saint-Lubin. Tu lui diras que je ne le salue pas, et qu'il ne soit pas si hardi que d'oser approcher de moi, car je le ferais chasser par les sergents et les valets. »

Perinis se mit en quête, tant qu'il trouva Tristan et Kaherdin. Il leur fit le message de la reine.

« Frère, s'écria Tristan, qu'as-tu dit ? Comment aurais-je fui devant Bleheri, puisque, tu le vois, nous n'avons pas même nos

---

1. me raille : se moque de moi.   **2. me honnit** : me couvre de honte.

chevaux ? Gorvenal et un écuyer les gardaient, nous ne les avons pas retrouvés au lieu désigné, et nous les cherchons encore. »

À cet instant revinrent Gorvenal et l'écuyer de Kaherdin : ils confessèrent leur aventure.

« Perinis, beau doux ami, dit Tristan, retourne en hâte vers ta dame. Dis-lui que je lui envoie salut et amour, que je n'ai pas failli à la loyauté que je lui dois, qu'elle m'est chère par-dessus toutes les femmes ; dis-lui qu'elle te renvoie vers moi me porter sa merci ; j'attendrai ici que tu reviennes. » Perinis retourna donc vers la reine et lui redit ce qu'il avait vu et entendu. Mais elle ne le crut pas :

« Ah ! Perinis, tu étais mon privé et mon fidèle, et mon père t'avait destiné, tout enfant, à me servir. Mais Tristan l'enchanteur t'a gagné par ses mensonges et ses présents. Toi aussi, tu m'as trahie ; va-t'en ! »

Perinis s'agenouilla devant elle :

« Dame, j'entends paroles dures. Jamais je n'eus telle peine en ma vie. Mais peu me chaut de moi[1] : j'ai deuil pour vous, dame, qui faites outrage à mon seigneur Tristan, et qui trop tard en aurez regret.

— Va-t'en, je ne te crois pas ! Toi aussi, Perinis, Perinis le Fidèle, tu m'as trahie ! »

Tristan attendit longtemps que Perinis lui portât le pardon de la reine. Perinis ne vint pas.

Au matin, Tristan s'atourne[2] d'une grande chape en lambeaux. Il peint par places son visage de vermillon[3] et de brou de noix[4], en sorte qu'il ressemble à un malade rongé par la lèpre. Il prend en ses mains un hanap de bois veiné à recueillir les aumônes, et une crécelle de ladre[5].

Notes

1. **peu me chaut de moi** : je me soucie peu de mon sort.
2. **s'atourne** : se couvre.
3. **vermillon** : substance colorante d'un rouge vif.
4. **brou de noix** : teinture marron à base de noix verte.
5. **ladre** : voleur.

Il entre dans les rues de Saint-Lubin, et, muant sa voix, mendie à tout venant. Pourra-t-il seulement apercevoir la reine ?

Elle sort enfin du château ; Brangien et ses femmes, ses valets et ses sergents l'accompagnent. Elle prend la voie qui mène à l'église. Le lépreux suit les valets, fait sonner sa crécelle, supplie à voix dolente :

« Reine, faites-moi quelque bien ; vous ne savez pas comme je suis besogneux ! »

A son beau corps, à sa stature, Iseult l'a reconnu. Elle frémit toute, mais ne daigne baisser son regard vers lui. Le lépreux l'implore, et c'est pitié de l'ouïr ; il se traîne après elle :

« Reine, si j'ose approcher de vous, ne vous courroucez pas ; ayez pitié de moi, je l'ai bien mérité ! »

Mais la reine appelle les valets et les sergents :

« Chassez ce ladre ! » leur dit-elle.

Les valets le repoussent, le frappent. Il leur résiste, et s'écrie :

« Reine, ayez pitié ! »

Alors Iseult éclata de rire. Son rire sonnait encore quand elle entra dans l'église. Quand il l'entendit rire, le lépreux s'en alla. La reine fit quelques pas dans la nef du moutier ! mais ses membres fléchirent ; elle tomba sur les genoux, puis sa tête se renversa en arrière et buta contre les dalles.

Le même jour, Tristan prit congé de Dinas, à tel déconfort[1] qu'il semblait avoir perdu le sens, et sa nef appareilla pour la Bretagne.

Hélas ! bientôt la reine se repentit. Quand elle sut par Dinas de Lidan que Tristan était parti à tel deuil, elle se prit à croire que Perinis lui avait dit la vérité ; que Tristan n'avait pas fui, conjuré par son nom ; qu'elle l'avait chassé à grand-tort. « Quoi ! pensait-elle, je vous ai chassé, vous, Tristan, ami ! Vous me haïssez désormais, et jamais je ne vous reverrai. Jamais vous n'apprendrez

---

1. **tel déconfort** : tel malheur.

seulement mon repentir, ni quel châtiment je veux m'imposer et vous offrir comme un gage menu de mon remords ! »

De ce jour, pour se punir de son erreur et de sa folie, Iseult la Blonde revêtit un cilice[1] et le porta contre sa chair.

---

1. **cilice** : vêtement rugueux qui irrite la peau.

Au fil du texte
Questions sur le chapitre 17 (pages 90 à 97)

QUE S'EST-IL PASSÉ ENTRE-TEMPS ?

1) À qui Tristan confie-t-il son amour secret ?

2) Quelle décision prend-il ?

3) Qui l'accompagne ?

AVEZ-VOUS BIEN LU ?

4) Qui est le messager de Tristan auprès d'Iseult ?

5) Par quel moyen le chevalier signale-t-il sa présence lorsqu'Iseult chevauche dans la forêt vers la Blanche-Lande ?

6) De quelle méprise Tristan est-il la victime ?

7) Qui provoque, involontairement, la colère d'Iseult ?

8) Sous quel déguisement Tristan tente-t-il d'approcher sa bien-aimée ?

9) Quel est son état d'esprit lorsqu'il retourne en Bretagne ?

ÉTUDIER LE VOCABULAIRE ET LA GRAMMAIRE

10) Justifiez l'accord du participe passé dans cette phrase prononcée par Iseult : «*Toi aussi, Périnis, Périnis le Fidèle, tu m'as trahie !*» (lignes 161 à 162).

11) Relevez, dans cette phrase, les mots dont le sens s'oppose : «*À travers la forêt, deux routes conduisaient vers la Blanche-Lande : l'une belle et bien ferrée, par où devait passer le cortège, l'autre pierreuse et abandonnée*» (lignes 37 à 39).

12 Relevez, dans les lignes 195 à 204, trois mots appartenant au champ lexical* du regret.

> *champ lexical :* groupe de mots autour du même thème.

ÉTUDIER LE DISCOURS

13 Ce passage est-il narratif, descriptif ou injonctif ? *« Ami, cherche Tristan sur la route abandonnée qui va de Tintagel à Saint-Lubin. Tu lui diras que je ne le salue pas, et qu'il ne soit pas si hardi que d'oser approcher de moi, car je le ferais chasser par les sergents et les valets »* (lignes 133 à 136).

ÉTUDIER L'ÉCRITURE

14 Quel figure de style* reconnaissez-vous dans la phrase suivante : *« Jamais vous n'apprendrez seulement mon repentir, ni quel châtiment je veux m'imposer et vous offrir comme un gage menu de mon remords »* (lignes 200 à 202) ?

> *figure de style :* mot ou ensemble de mots ayant pour fonction d'illustrer ou d'embellir le discours. Exemples : métaphore, comparaison, personnification.

À VOS PLUMES !

15 Comme Tristan, vous souhaitez faire agir quelqu'un dans un but concret. Rédigez un court texte injonctif (dans la vie courante, les exemples de ce type de texte sont nombreux : recettes de cuisine, tracts, ordonnances médicales, etc.).

Chapitre 18

[De retour en Bretagne, Tristan ne peut supporter l'absence de sa bien-aimée et, déguisé en fou, il traverse encore une fois la mer pour rejoindre Iseult la Blonde. Trompée par son déguisement, la reine le repousse, mais elle finit par reconnaître son amant grâce à l'anneau de jaspe vert qu'elle lui avait confié. L'apparence hideuse de Tristan le rend méconnaissable; ainsi protégés, les amants peuvent partager quelques furtifs moments de bonheur. Ensuite, par crainte de mettre la reine en danger, Tristan repart, après lui avoir arraché la promesse qu'elle le rejoindrait bientôt.]

Chapitre 19

LA MORT

À peine était-il revenu en Petite-Bretagne, à Carhaix, il advint que Tristan, pour porter aide à son cher compagnon Kaherdin, guerroya un baron nommé Bedalis. Il tomba dans une embuscade dressée par Bedalis et ses frères. Tristan tua les sept frères. Mais lui-même fut blessé d'un coup de lance, et la lance était empoisonnée.

Il revint à grand-peine jusqu'au château de Carhaix et fit appareiller[1] ses plaies. Les médecins vinrent en nombre, mais nul ne sut le guérir du venin, car ils ne le découvrirent même pas. Ils ne surent faire aucun emplâtre pour attirer le poison au dehors ; vainement ils battent et broient leurs racines, cueillent des herbes, composent des breuvages : Tristan ne fait qu'empirer, le venin s'épand par son corps ; il blêmit et ses os commencent à se découvrir.

Il sentit que sa vie se perdait, il comprit qu'il fallait mourir. Alors il voulut revoir Iseult la Blonde. Mais comment aller vers elle ? Il est si faible que la mer le tuerait ; et si même il parve-

---

1. appareiller : soigner.

nait en Cornouailles, comment y échapper à ses ennemis ? Il se lamente[1], le venin l'angoisse, il attend la mort.

Il manda Kaherdin en secret pour lui découvrir sa douleur, car tous deux s'aimaient d'un loyal amour. Il voulut que personne ne restât dans sa chambre, hormis Kaherdin, et même que nul ne se tînt dans les salles voisines. Iseult, sa femme, s'émerveilla en son cœur de cette étrange volonté. Elle en fut tout effrayée et voulut entendre l'entretien. Elle vint s'appuyer en dehors de la chambre, contre la paroi qui touchait au lit de Tristan. Elle écoute ; un de ses fidèles, pour que nul ne la surprenne, guette au dehors.

Tristan rassemble ses forces, se redresse, s'appuie contre la muraille ; Kaherdin s'assied près de lui, et tous deux pleurent ensemble tendrement. Ils pleurent le bon compagnonnage d'armes, si tôt rompu, leur grande amitié et leurs amours ; et l'un se lamente sur l'autre.

« Beau doux ami, dit Tristan, je suis sur une terre étrangère, où je n'ai ni parent, ni ami, vous seul excepté ; vous seul, en cette contrée, m'avez donné joie et consolation. Je perds ma vie, je voudrais revoir Iseult la Blonde. Mais comment, par quelle ruse lui faire connaître mon besoin ? Ah ! si je savais un messager qui voulût aller vers elle, elle viendrait, tant elle m'aime ! Kaherdin, beau compagnon, par notre amitié, par la noblesse de votre cœur, par notre compagnonnage, je vous en requiers : tentez pour moi cette aventure, et si vous emportez mon message, je deviendrai votre homme lige et vous aimerai par-dessus tous les hommes. »

Kaherdin voit Tristan pleurer, se déconforter, se plaindre ; son cœur s'amollit de tendresse ; il répond doucement, par amour :

« Beau compagnon, ne pleurez plus, je ferai tout votre désir. Certes, ami, pour l'amour de vous je me mettrais en aventure de mort. Nulle détresse, nulle angoisse ne m'empêchera de faire

---

Note

1. se lamente : se plaint.

selon mon pouvoir. Dites ce que vous voulez mander à la reine, et je fais mes apprêts[1]. »

Tristan répondit :

« Ami, soyez remercié ! Or, écoutez ma prière. Prenez cet anneau : c'est une enseigne entre elle et moi. Et quand vous arriverez en sa terre, faites-vous passer à la cour pour un marchand. Présentez-lui des étoffes de soie, faites qu'elle voie cet anneau : aussitôt elle cherchera une ruse pour vous parler en secret. Alors, dites-lui que mon cœur la salue ; que, seule, elle peut me porter réconfort ; dites-lui que, si elle ne vient pas, je meurs ; dites-lui qu'il lui souvienne de nos plaisirs passés, et des grandes peines, et des grandes tristesses, et des joies, et des douleurs de notre amour loyal et tendre ; qu'il lui souvienne du breuvage que nous bûmes ensemble sur la mer ; ah ! c'est notre mort que nous avons bue ! Qu'il lui souvienne du serment que je lui fis de n'aimer jamais qu'elle : j'ai tenu cette promesse ! »

Derrière la paroi, Iseult aux Blanches Mains entendit ces paroles ; elle défaillit[2] presque.

« Hâtez-vous, compagnon, et revenez bientôt vers moi ; si vous tardez, vous ne me reverrez plus. Prenez un terme de quarante jours et ramenez Iseult la Blonde. Cachez votre départ à votre sœur, ou dites que vous allez quérir un médecin. Vous emmènerez ma belle nef ; prenez avec vous deux voiles, l'une blanche, l'autre noire. Si vous ramenez la reine Iseult, dressez au retour la voile blanche ; et, si vous ne la ramenez pas, cinglez avec la voile noire. Ami, je n'ai plus rien à vous dire : que Dieu vous guide et vous ramène sain et sauf ! »

Il soupire, pleure et se lamente, et Kaherdin pleure pareillement, baise Tristan et prend congé.

Au premier vent il se mit en mer. Les mariniers halèrent les ancres, dressèrent la voile, cinglèrent par un vent léger, et leur

---

Notes 1. je fais mes apprêts : je me prépare. 2. défaillit : s'évanouit.

proue¹ trancha les vagues hautes et profondes. Ils emportaient de riches marchandises : des draps de soie teints de couleurs rares, de la belle vaisselle de Tours, des vins de Poitou, des gerfauts d'Espagne, et par cette ruse Kaherdin pensait parvenir auprès d'Iseult. Huit jours et huit nuits, ils fendirent les vagues et voguèrent à pleines voiles vers la Cornouailles.

Colère de femme est chose redoutable, et que chacun s'en garde ! Là où une femme aura le plus aimé, là aussi elle se vengera le plus cruellement. L'amour des femmes vient vite, et vite vient leur haine ; et leur inimitié, une fois venue, dure plus que l'amitié. Elles savent tempérer l'amour, mais non la haine. Debout contre la paroi, Iseult aux Blanches Mains avait entendu chaque parole. Elle avait tant aimé Tristan !... Elle connaissait enfin son amour pour une autre. Elle retint les choses entendues : si elle le peut un jour, comme elle se vengera sur ce qu'elle aime le plus au monde ! Pourtant, elle n'en fit nul semblant, et, dès qu'on ouvrit les portes, elle entra dans la chambre de Tristan, et, cachant son courroux, continua de le servir et de lui faire belle chère², ainsi qu'il sied³ à une amante. Elle lui parlait doucement, le baisait sur les lèvres, et lui demandait si Kaherdin reviendrait bientôt avec le médecin qui devait le guérir. Mais toujours elle cherchait sa vengeance.

Kaherdin ne cessa de naviguer, tant qu'il jeta l'ancre dans le port de Tintagel. Il prit sur son poing un grand autour⁴, il prit un drap de couleur rare, une coupe bien ciselée : il en fit présent au roi Marc et lui demanda courtoisement sa sauvegarde et sa paix, afin qu'il pût trafiquer en sa terre, sans craindre nul dommage de chambellan ni de vicomte. Et le roi le lui octroya devant tous les hommes de son palais.

Alors, Kaherdin offrit à la reine un fermail ouvré d'or fin :

---

1. proue : avant du bateau.
2. faire belle chère : préparer des mets copieux.
3. sied : convient.
4. autour : oiseau rapace.

« Reine, dit-il, l'or en est bon » ; et, retirant de son doigt l'anneau de Tristan, il le mit à côté du joyau : « Voyez, reine, l'or de ce fermail est plus riche, et pourtant l'or de cet anneau a bien son prix. »

Quand Iseult reconnut l'anneau de jaspe vert, son cœur frémit et sa couleur mua, et, redoutant ce qu'elle allait ouïr, elle attira Kaherdin à l'écart près d'une croisée, comme pour mieux voir et marchander le fermail. Kaherdin lui dit simplement :

« Dame, Tristan est blessé d'une épée empoisonnée et va mourir. Il vous mande que, seule, vous pouvez lui porter réconfort. Il vous rappelle les grandes peines et les douleurs que vous avez subies ensemble. Gardez cet anneau, il vous le donne. »

Iseult répondit, défaillante :

« Ami, je vous suivrai. Demain, au matin, que votre nef soit prête à l'appareillage[1] ! »

Le lendemain, au matin, la reine dit qu'elle voulait chasser au faucon et fit préparer ses chiens et ses oiseaux. Mais le duc Andret, qui toujours guettait, l'accompagna. Quand ils furent aux champs, non loin du rivage de la mer, un faisan s'enleva. Andret laissa aller un faucon pour le prendre ; mais le temps était clair et beau : le faucon s'essora[2] et disparut.

« Voyez, sire Andret, dit la reine : le faucon s'est perché là-bas, au port, sur le mât d'une nef que je ne connaissais pas. À qui est-elle ?

— Dame, fit Andret, c'est la nef de ce marchand de Bretagne qui hier vous présenta un fermail d'or. Allons-y reprendre notre faucon. »

Kaherdin avait jeté une planche, comme un ponceau[3], de sa nef au rivage. Il vint à la rencontre de la reine :

« Dame, s'il vous plaisait, vous entreriez dans ma nef, et je vous montrerais mes riches marchandises.

Notes
1. **appareillage** : départ du bateau.
2. **s'essora** : prit son essor, son envol.
3. **ponceau** : pont.

— Volontiers, sire », dit la reine.

Elle descend de cheval, va droit à la planche, la traverse, entre dans le nef. Andret veut la suivre, et s'engage sur la planche ; mais Kaherdin, debout sur le plat-bord, le frappe de son aviron ; Andret trébuche et tombe dans la mer. Il veut se reprendre ; Kaherdin le refrappe à coups d'aviron et le rabat sous les eaux, et crie :

« Meurs, traître ! Voici ton salaire pour tout le mal que tu as fait souffrir à Tristan et à la reine Iseult ! »

Ainsi Dieu vengea les amants des félons qui les avaient tant haïs ! Tous quatre sont morts : Guenelon, Gondoïne, Denoalen, Andret.

L'ancre était relevée, le mât dressé, la voile tendue. Le vent frais du matin bruissait dans les haubans[1] et gonflait les toiles. Hors du port, vers la haute mer toute blanche et lumineuse au loin sous les rais du soleil, la nef s'élança.

À Carhaix, Tristan languit. Il convoite la venue d'Iseult. Rien ne le conforte plus, et s'il vit encore, c'est qu'il l'attend. Chaque jour, il envoyait au rivage guetter si la nef revenait, et la couleur de sa voile ; nul autre désir ne lui tenait plus au cœur. Bientôt il se fit porter sur la falaise de Penmarch, et, si longtemps que le soleil se tenait à l'horizon, il regardait au loin la mer.

Écoutez, seigneurs, une aventure douloureuse, pitoyable[2] à ceux qui aiment. Déjà Iseult approchait ; déjà la falaise de Penmarch surgissait au loin, et la nef cinglait plus joyeuse. Un vent d'orage grandit tout à coup, frappe droit contre la voile et fait tourner la nef sur elle-même. Les mariniers courent au lof[3], et contre leur gré virent en arrière. Le vent fait rage, les vagues profondes s'émeuvent, l'air s'épaissit en ténèbres, la mer noircit,

---

Notes

1. **haubans** : câbles métalliques qui tiennent droit le mât d'un navire.
2. **pitoyable** : qui fait pitié.

3. **lof** : bord du navire qui se trouve frappé par le vent.

la pluie s'abat en rafales. Haubans et boulines[1] se rompent, les mariniers baissent la voile et louvoient[2] au gré de l'onde et du vent. Ils avaient, pour leur malheur, oublié de hisser à bord la barque amarrée à la poupe[3] et qui suivait le sillage de la nef. Une vague la brise et l'emporte.

Iseult s'écrie :

« Hélas ! chétive ! Dieu ne veut pas que je vive assez pour voir Tristan, mon ami, une fois encore, une fois seulement ; il veut que je sois noyée en cette mer. Tristan, si je vous avais parlé une fois encore, je me soucierais peu de mourir après. Ami, si je ne viens pas jusqu'à vous, c'est que Dieu ne le veut pas, et c'est ma pire douleur. Ma mort ne m'est rien : puisque Dieu la veut, je l'accepte ; mais, ami, quand vous l'apprendrez, vous mourrez, je le sais bien. Notre amour est de telle guise que vous ne pouvez mourir sans moi, ni moi sans vous. Je vois votre mort devant moi en même temps que la mienne. Hélas ! ami, j'ai failli à mon désir ; il était de mourir dans vos bras, d'être ensevelie dans votre cercueil ; mais nous y avons failli. Je vais mourir seule, et, sans vous, disparaître dans la mer. Peut-être vous ne saurez pas ma mort, vous vivrez encore, attendant toujours que je vienne. Si Dieu le veut, vous guérirez même... Ah ! peut-être après moi vous aimerez une autre femme, vous aimerez Iseult aux Blanches Mains ! Je ne sais ce qui sera de vous : pour moi, ami, si je vous savais mort, je ne vivrais guère après. Que Dieu nous accorde, ami, ou que je vous guérisse, ou que nous mourions tous deux d'une même angoisse ! »

Ainsi gémit la reine, tant que dura la tourmente. Mais, après cinq jours, l'orage s'apaisa. Au plus haut du mât, Kaherdin hissa joyeusement la voile blanche, afin que Tristan reconnût de plus loin sa couleur. Déjà Kaherdin voit la Bretagne... Hélas ! presque aussitôt le calme suivit la tempête, la mer devint douce

---

Notes

1. **boulines** : cordages.
2. **louvoient** : avancent en zigzaguant.
3. **poupe** : arrière du bateau.

et toute plate, le vent cessa de gonfler la voile, et les mariniers louvoyèrent vainement en amont[1] et en aval[2], en avant et en arrière. Au loin, ils apercevaient la côte, mais la tempête avait emporté leur barque, en sorte qu'ils ne pouvaient atterrir. À la troisième nuit, Iseult songea qu'elle tenait en son giron[3] la tête d'un grand sanglier qui honnissait[4] sa robe de sang, et connut par là qu'elle ne reverrait plus son ami vivant.

Tristan était trop faible désormais pour veiller encore sur la falaise de Penmarch, et, depuis de longs jours, enfermé loin du rivage, il pleurait pour Iseult qui ne venait pas. Dolent et las, il se plaint, soupire, s'agite; peu s'en faut qu'il ne meure de son désir.

Enfin, le vent fraîchit et la voile blanche apparut. Alors, Iseult aux Blanches Mains se vengea.

Elle vient vers le lit de Tristan et dit :

« Ami, Kaherdin arrive. J'ai vu sa nef en mer : elle avance à grand-peine ; pourtant je l'ai reconnue ; puisse-t-il apporter ce qui doit vous guérir ! »

Tristan tressaille :

« Amie belle, vous êtes sûre que c'est sa nef? Or, dites-moi comment est la voile.

— Je l'ai bien vue, ils l'ont ouverte et dressée très haut, car ils ont peu de vent. Sachez qu'elle est toute noire. »

Tristan se tourna vers la muraille et dit :

« Je ne puis retenir ma vie plus longtemps. » Il dit trois fois : « Iseult, amie ! » À la quatrième, il rendit l'âme.

Alors, par la maison, pleurèrent les chevaliers, les compagnons de Tristan. Ils l'ôtèrent de son lit, l'étendirent sur un riche tapis et recouvrirent son corps d'un linceul[5].

Notes

1. **en amont** : situé avant.
2. **en aval** : situé après.
3. **giron** : espace qui s'étend de la taille jusqu'aux genoux d'une personne assise.
4. **honnissait** : tachait.
5. **linceul** : drap utilisé pour envelopper les morts.

Sur la mer, le vent s'était levé et frappait la voile en plein milieu. Il poussa la nef jusqu'à terre. Iseult la Blonde débarqua. Elle entendit de grandes plaintes par les rues, et les cloches sonner aux moutiers, aux chapelles. Elle demanda aux gens du pays pourquoi ces glas[1], pourquoi ces pleurs.

Un vieillard lui dit :

« Dame, nous avons une grande douleur. Tristan le franc, le preux, est mort. Il était large aux besogneux, secourable aux souffrants. C'est le pire désastre qui soit jamais tombé sur ce pays. »

Iseult l'entend, elle ne peut dire une parole. Elle monte vers le palais. Elle suit la rue, sa guimpe déliée. Les Bretons s'émerveillaient à la regarder ; jamais ils n'avaient vu femme d'une telle beauté. Qui est-elle ? D'où vient-elle ?

Auprès de Tristan, Iseult aux Blanches Mains, affolée par le mal qu'elle avait causé, poussait de grands cris sur le cadavre. L'autre Iseult entra et lui dit :

« Dame, relevez-vous, et laissez-moi approcher. J'ai plus de droits à le pleurer que vous, croyez-m'en. Je l'ai plus aimé. » Elle se tourna vers l'orient et pria Dieu. Puis elle découvrit un peu le corps, s'étendit près de lui, tout le long de son ami, lui baisa la bouche et la face, et le serra étroitement : corps contre corps, bouche contre bouche, elle rend ainsi son âme ; elle mourut auprès de lui pour la douleur de son ami.

Quand le roi Marc apprit la mort des amants, il franchit la mer et, venu en Bretagne, fit ouvrir deux cercueils, l'un de calcédoine pour Iseult, l'autre de béryl pour Tristan. Il emporta sur sa nef vers Tintagel leurs corps aimés. Auprès d'une chapelle, à gauche et à droite de l'abside, il les ensevelit en deux tombeaux. Mais, pendant la nuit, de la tombe de Tristan jaillit une ronce verte et feuillue, aux forts rameaux, aux fleurs odorantes, qui,

---

1. **glas** : son d'une cloche qu'on tinte pour annoncer la mort de quelqu'un.

s'élevant par-dessus la chapelle, s'enfonça dans la tombe d'Iseult.
265 Les gens du pays coupèrent la ronce : au lendemain elle renaît, aussi verte, aussi fleurie, aussi vivace, et plonge encore au lit d'Iseult la Blonde. Par trois fois ils voulurent la détruire ; vainement. Enfin, ils rapportèrent la merveille au roi Marc : le roi défendit de couper la ronce désormais.

270 Seigneurs, les bons trouvères[1] d'antan, Béroul et Thomas, et monseigneur Eilhart et maître Gottfried, ont conté ce conte pour tous ceux qui aiment, non pour les autres. Ils vous mandent par moi leur salut. Ils saluent ceux qui sont pensifs et ceux qui sont heureux, les mécontents et les désireux, ceux qui sont
275 joyeux et ceux qui sont troublés, tous les amants. Puissent-ils trouver ici consolation contre l'inconstance, contre l'injustice, contre le dépit, contre la peine, contre tous les maux d'amour !

Note

1. trouvères : poètes et interprètes ambulants.

La mort de Tristan, XVᵉ siècle.

Au fil du texte
Questions sur le chapitre 19 (pages 101 à 111)

Avez-vous bien lu ?

1) Quel danger court Tristan ?

2) Comment peut-il l'écarter ?

3) Qui surprend l'entretien des deux amis ?

4) Par quel moyen Kaherdin se fait-il reconnaître, comme messager de Tristan, auprès d'Iseult la Blonde ?

5) Combien de temps Kaherdin est-il absent ?

6) Quels obstacles successifs empêchent la nef de Kaherdin d'arriver en Bretagne ?

7) Pourquoi Iseult aux Blanches Mains trompe-t-elle Tristan sur la couleur de la voile qu'elle aperçoit au loin ?

Étudier le vocabulaire

8) Quel est le sens du mot *honnissait* dans la phrase suivante : « *À la troisième nuit, Iseult songea qu'elle tenait en son giron la tête d'un grand sanglier qui honnissait sa robe de sang* » (lignes 207 à 209) ?

9) Le mot *chétive* (ligne 179) a un sens péjoratif. Voici trois autres mots qui présentent la même caractéristique. Retrouvez, pour chacun d'entre eux, le mot équivalent qui n'a pas de nuance péjorative :

a) un roitelet ....

b) un avocaillon ....

c) Jaunâtre ....

10) Comment sont formés les mots péjoratifs ?

ÉTUDIER LE DISCOURS

11 Dans le dernier paragraphe, le narrateur intervient directement en se nommant.
Par quels mots se désigne-t-il ?

12 Quel est le but du discours du narrateur ?

13 À qui s'adresse-t-il ?

14 Quelle figure de style* l'auteur utilise-t-il dans la phrase suivante : « Kaherdin avait jeté une planche, comme un ponceau, de sa nef au rivage » (lignes 138-139) ?

ÉTUDIER UN THÈME : LA MORT

15 Des rites funéraires sont décrits page 109, lignes 257 à 261. Citez-en d'autres.

16 Cherchez ce qui symbolise, dans les lignes 262 à 269, l'amour plus fort que la mort.

LIRE L'IMAGE

17 Observez l'image de la page 111.
Quelle signification pourrait avoir l'étreinte des amants sur le lit de mort ?

18 Qui pourraient être les personnages représentés à l'arrière-plan ?

19 Quel personnage, très proche de Tristan, est absent de l'image ? Comment pourrait être justifiée cette absence ?

À VOS PLUMES !

20 Comment finit l'histoire de Tristan et Iseult ? Résumez le dénouement en une dizaine de lignes.

Retour sur l'œuvre

Avez-vous bien lu ?

1) Le père de Tristan est :
- ❏ le cousin du roi Marc.
- ❏ le beau-frère.
- ❏ le neveu du roi Marc.
- ❏ le petit-fils du roi Marc.
- ❏ n'a aucun lien de parenté avec le roi Marc.

2) Le roi d'Irlande accepte de confier sa fille à Tristan, car celui-ci a sauvé son royaume d'un grave danger. Quel était ce danger ?
- ❏ un géant.
- ❏ un sorcier.
- ❏ un dragon.
- ❏ un nain maléfique.
- ❏ un monstre à tête humaine et corps d'animal.

3) Tristan et Iseult tombent amoureux l'un de l'autre grâce à un sortilège. De quel sortilège s'agit-il ?
- ❏ un mets ensorcelé.
- ❏ un breuvage magique.
- ❏ de l'encens brûlé en leur présence.
- ❏ un bijou ensorcelé.
- ❏ un fil d'or magique cousu dans leurs vêtements.

4 Le roi Marc surprend les amoureux grâce :
- ❑ à un rêve prémonitoire*.
- ❑ au sortilège d'un nain.
- ❑ aux prédictions d'un devin.
- ❑ à l'aveu de la servante d'Yseult.
- ❑ aux révélations d'un baron jaloux de Tristan.

5 Pour fuir le danger, les deux amants s'exilent :
- ❑ dans une grotte.
- ❑ dans une forêt.
- ❑ au sommet d'une montagne.
- ❑ dans l'abri d'un ermite.
- ❑ sur une île.

6 Tristan se marie parce que :
- ❑ sa future épouse est blonde.
- ❑ sa future épouse est reine.
- ❑ sa future épouse lui rappelle sa bien-aimée.
- ❑ il a oublié Iseult la Blonde.
- ❑ Iseult la Blonde l'a oublié.

7 Tristan meurt parce que :
- ❑ personne ne sait soigner sa blessure.
- ❑ Iseult aux Blanches Mains le trompe en lui disant qu'Iseult la Blonde refuse de venir le secourir.
- ❑ Iseult aux Blanches Mains soigne mal sa blessure.
- ❑ Iseult aux Blanches Mains l'empoisonne par jalousie.
- ❑ Iseult la Blonde refuse de venir à son secours.

8 En apprenant la mort des amants, le roi Marc :

❏ brûle leurs corps et disperse leurs cendres.

❏ jette leurs corps à la mer.

❏ fait enterrer Iseult et jette le corps de Tristan.

❏ fait preuve de clémence et enterre les deux amants côte à côte.

❏ renvoie les deux corps en Bretagne.

ÉTUDIER DES THÈMES

9 Le déguisement est très présent dans ce livre. Tristan se déguise successivement en :

a) jongleur breton	❏ Vrai	❏ Faux
b) marchand	❏ Vrai	❏ Faux
c) écuyer	❏ Vrai	❏ Faux
d) pèlerin	❏ Vrai	❏ Faux
e) lépreux	❏ Vrai	❏ Faux
f) fou	❏ Vrai	❏ Faux

10 La mer joue-t-elle un rôle important dans ce livre ? Justifiez votre réponse par des exemples du texte.

LES PERSONNAGES

11 Tout le long du roman, les amoureux rencontrent des ennemis puissants, mais aussi des aides efficaces :
Gorvenal — le nain Frocin — Périnis — Brangien — l'ermite Ogrin — Kaherdin — le baron Guenelon.

Placez-les dans le tableau suivant.

Aides	Ennemis
....	....
....	....
....	....
....	....

12 « Brangien la confidente ». Parmi les adjectifs suivants, quels sont ceux qui peuvent s'appliquer à ce personnage ?
dévouée — rancunière — rusée — soumise — sournoise — loyale.

CHARADE

13 Cherchez le lieu !
Mon premier résonne.
Mon deuxième possède.
Mon troisième transforme l'eau en glace.
Mon tout est le lieu où vécut Iseult avec le roi Marc.

Dossier Bibliocollège

Tristan et Iseult

1. L'essentiel sur l'œuvre 120
2. L'œuvre en un coup d'œil 121
3. Contexte : le Moyen Âge
   - **La société médiévale** 122
   - **Le livre au Moyen Âge** 123
4. Genre
   - **Un roman courtois** 124
   - **Un récit de chevalerie** 125
5. Groupement de textes :
   Chevalerie d'hier et d'aujourd'hui 126
6. Et par ailleurs… 133

① L'essentiel sur l'œuvre

Tristan et Iseult est issu de la **tradition orale**. La légende d'origine celtique était racontée ou chantée par des jongleurs et des bardes itinérants : ainsi s'expliquent les différentes versions du récit.

Tristan et Iseult est un des plus célèbres romans d'amour du Moyen Âge. Les premières versions écrites de cette histoire apparaissent à la fin du XIIe siècle, dont celles de **Thomas d'Angleterre** (vers 1172), de **Béroul** (vers 1175) et de **Marie de France** (vers 1180).

Tristan et Iseult

En France, seuls des fragments des textes du XIIe siècle ont été conservés. Ils sont écrits en langue romane, ou **ancien français**. En 1900, **Joseph Bédier** les a rassemblés et traduits en français moderne.

Tristan et Iseult est à la fois un **récit de chevalerie** dont le héros est un chevalier et un **roman courtois** qui met en scène l'amour chevaleresque.

2) L'œuvre en un coup d'œil

Tristan et Iseult : un amour éternel

	Situation initiale
Chapitres 1 à 3	Orphelin, Tristan est confié à son oncle le roi Marc. Plus tard, il affronte le géant Morholt. Puis un dragon en Irlande. Il reçoit en récompense Iseult la Blonde, destinée au Roi Marc.
	Lieux : Tintagel (Cornouailles), chez le Roi Marc; Irlande, chez Iseult.

	Élément perturbateur
Chapitre 4	Tristan et Iseult la Blonde boivent, par erreur, le philtre d'amour destiné à Iseult et à son futur époux, le roi Marc. Ils tombent aussitôt éperdument amoureux l'un de l'autre.
	Lieu : un bateau entre l'Irlande et la Cornouailles.

	Péripéties
Chapitres 5 à 14	Le mariage d'Iseult et du roi Marc est néanmoins célébré. Tristan et Iseult s'aiment en secret. Des jaloux les dénoncent au roi. Le couple s'enfuit dans la forêt de Morois. Le roi Marc leur pardonne et Iseult retourne à Tintagel.
	Lieux : Tintagel, la forêt de Morois.

	Élément de résolution
Chapitre 15	Tristan s'exile en Bretagne. Croyant qu'Iseult la Blonde l'a oublié, il épouse Iseult aux Blanches Mains. Kaherdin devient son confident. Tristan est rongé par le chagrin. Lors d'une bataille, il est blessé.
	Lieux : Carhaix (Bretagne), chez Iseult aux Blanches Mains.

	Situation finale
Chapitre 19	Tristan envoie Kaherdin chercher Iseult la Blonde afin qu'elle le soigne. Mais Iseult aux Blanches Mains, jalouse, annonce à Tristan que celle-ci ne viendra pas. Tristan meurt de tristesse. À son arrivée, voyant Tristan sans vie, Iseult la Blonde meurt à son tour. Le Roi Marc les fait enterrer l'un près de l'autre.
	Lieu : Carhaix

3) Le Moyen Âge

LA SOCIÉTÉ MÉDIÉVALE

La noblesse
La noblesse se compose d'une **hiérarchie de seigneurs**: prince, duc, marquis, comte, vicomte, baron, chevalier, écuyer. Elle vit dans un **système féodal** où un seigneur (un suzerain) accorde un fief (un domaine) à un seigneur moins important qui devient son vassal en échange de services militaires et financiers.

Le clergé
La vie au Moyen Âge tourne autour de la religion et de l'autorité du **pape**. Les **clercs** (membres du clergé) vivent soit à l'écart (clergé régulier : abbés, moines…), soit parmi la population (clergé séculier : curés, prêtres…).

La bourgeoisie
La bourgeoisie est une nouvelle classe sociale qui se développe avec la construction des villes (le *bourgeois* désigne un **habitant d'un bourg**). Elle acquiert de plus en plus d'importance et de pouvoir au cours du Moyen Âge. Les bourgeois sont des marchands, des artisans, des tisserands, etc.

Les paysans
Les paysans représentent **80 à 90 %** de la population et sont soumis à des obligations à l'égard des seigneurs qui leur louent des terres. Le servage disparaît peu à peu et les serfs sont remplacés par des paysans libres, appelés **« vilains »**.

Les marginaux
Ce sont les voleurs, les gueux, les lépreux, les mendiants…

LE MOYEN ÂGE

LE LIVRE AU MOYEN ÂGE

Les manuscrits

Au Moyen Âge, les livres sont rares et précieux. L'imprimerie n'existe pas (elle sera inventée par Gutenberg en 1454) : les livres sont copiés à la main et chaque exemplaire est unique, richement orné.

Les copistes

La plupart des manuscrits – textes religieux ou documents administratifs en latin – sont copiés par des moines. Des œuvres de l'Antiquité latine et grecque nous sont aussi parvenues grâce au travail des moines copistes.

Une passion, un art

Plusieurs personnes participent à la fabrication d'un livre : le scribe recopie le texte, à l'aide d'un calame (roseau taillé), de plumes et d'encres. L'enlumineur décore les marges. Quant au miniaturiste, il peint les scènes du récit pour illustrer le texte.

L'enluminure

Enluminer un texte, c'est le rendre lumineux grâce à des ornements appliqués aux lettres majuscules (lettrines) et à des motifs, souvent floraux, peints dans les marges du texte. Les pages deviennent de véritables tableaux miniatures.

4 — Un roman courtois et un récit de chevalerie

I – Un roman courtois

La courtoisie vient du mot d'ancien français *cort*, signifiant l'attitude exemplaire de l'homme de cour.

➤ Une littérature de cour

Le roman courtois est destiné aux seigneurs et aux grandes dames ; il met en scène un univers raffiné où les femmes tiennent une place importante. L'amour est idéalisé et devient la matière centrale du roman où l'on voit le chevalier vouer une véritable adoration à sa dame. Le merveilleux (fées, dragons, philtres…) joue un rôle déterminant dans ces récits tout autant que la mythologie chrétienne (le Graal, objet de la quête des chevaliers de la Table ronde, est une coupe ayant contenu le sang du Christ).

➤ Des récits symboliques

Le parcours du héros suit souvent un schéma identique : à l'origine, il y a une faute (Tristan et Iseult boivent le philtre par mégarde) que le personnage principal doit racheter pour se faire pardonner. Pour y parvenir, il affronte des épreuves au cours desquelles il fait preuve de sa valeur (force, courage et capacité à distinguer le bien du mal). La femme tient dans ces récits une place prépondérante : elle peut y être un objet de tentation (Iseult), mais aussi une source de force et d'inspiration.

➤ L'initiation

Le roman courtois est un roman d'initiation : le héros sort de l'enfance et doit prouver sa vaillance au cours d'une quête parsemée d'obstacles et de dangers. Cette quête est entreprise le plus souvent pour conquérir et plaire à une femme.

II – Un récit de chevalerie

Le roman courtois, qui se développe dans les milieux de cour au XIIe siècle, conserve les caractéristiques du roman de chevalerie.

> **Les caractéristiques du récit de chevalerie**
>
> - écrit en roman (ancien français) et en octosyllabes;
> - divisé en épisodes;
> - raconté oralement et/ou chanté;
> - contient du merveilleux chrétien et païen;
> - le héros est un chevalier, porteur de valeurs et accomplissant une quête.

➥ L'adoubement

Après un long apprentissage (de l'âge de 7 ans à l'âge de 21 ans), le jeune noble peut devenir chevalier. L'adoubement est une cérémonie rituelle codifiée au cours de laquelle un seigneur remet au jeune homme son épée de chevalier.

➥ Le récit de combat

Les romans de chevalerie mettent en scène de nombreux combats au déroulement identique : les chevaliers s'affrontent à cheval, puis dans un corps à corps à l'épée. Ces combats acquièrent souvent une dimension quasi surnaturelle (Tristan combat le géant Morholt d'Irlande). L'importance des combats dans le récit est soulignée par l'emploi des champs lexicaux des armes et de la violence, par les répétitions et les hyperboles, et par les commentaires du narrateur.

➥ Le thème de la quête

Dans le récit de chevalerie, le chevalier poursuit une quête : il peut chercher un objet (par exemple, le Graal), délivrer une femme, venger un compagnon... Pour y parvenir, il doit affronter des épreuves (Tristan combat le dragon et conquiert Iseult). En triomphant de chaque épreuve, le chevalier gagne en réputation et devient progressivement un héros.

5) Chevalerie d'hier et d'aujourd'hui

Les récits de chevalerie écrits à l'époque courtoise (XIIe - XIIIe siècles) s'inspirent de légendes transmises oralement, essentiellement bretonnes. Ils nous renseignent sur la société féodale et les rapports entre seigneurs et vassaux. Ces récits racontent les aventures des chevaliers qui, au terme d'un long apprentissage, ont été adoubés lors d'une cérémonie où ils ont juré fidélité à leur seigneur et à l'Église. La vision idéale du chevalier, chargé de protéger les femmes et les faibles qui demandent son aide, ne correspond guère, cependant, à la réalité du Moyen Âge, où règne une brutalité dont les combats singuliers des chevaliers donnent une image.

Les quatre textes qui suivent, un texte documentaire et trois extraits de romans, ont été écrits au XXe siècle, mais ils s'inspirent des récits de chevalerie : les valeurs chevaleresques et le fantastique y sont toujours présents. Mais les héros de Moyen Âge sont mis au goût du jour...

Tristan et Iseult

CHEVALERIE D'HIER ET D'AUJOURD'HUI

1) Georges Duby, *La Chevalerie*

Georges Duby est un historien français contemporain, spécialiste du Moyen Âge. Dans cet extrait, il dresse le portrait de l'un des attributs majeurs du chevalier : son épée. À l'époque médiévale, le chevalier considérait son épée comme le prolongement de sa personne : il ne s'en séparait jamais et allait jusqu'à lui donner un nom. Dans *Tristan et Iseult*, l'épée de Tristan joue un rôle capital, notamment lorsqu'elle sépare les deux amants dans la forêt.

> L'épée avait été conçue pour, à coup d'«estoc», par la pointe, percer les protections de l'adversaire : à cet effet, elle était longue d'un bon mètre. Elle avait été conçue pour, à coup de «taille», par le tranchant, fendre le corps de l'adversaire, attaqué à la tête ou aux membres : à cet effet, elle était épaisse, lourde, de deux ou trois kilos, et sa poignée assez haute pour qu'on puisse la prendre à deux mains pour frapper. Ces dispositions lui donnaient l'aspect d'une croix ce qui, pour des guerriers chrétiens, renforçait sa valeur symbolique. Souvent, les reliques d'un saint, enserrées dans le pommeau[1], la sacralisaient davantage, ajoutant à la puissance mystérieuse dont on la croyait dotée. Le chevalier traitait son épée comme une personne. Comme son destrier[2], comme son épouse, comme lui-même elle portait un nom. Nous n'avons pas oublié que celle de Roland s'appelait Durandal, celle du roi Arthur Excalibur.
>
> Georges Duby *La Chevalerie,* © Éditions Perrin, 1999.

Notes
1. Un pommeau : petite boule au bout de la poignée de l'épée
2. Un destrier : un cheval de bataille

Dossier Bibliocollège

GROUPEMENT DE TEXTES

> **Questions sur le texte ①**
>
> **A.** Quelles étaient les deux façons de se servir d'une épée ?
> **B.** Quelles sont les caractéristiques de l'épée décrite dans ce texte ?
> **C.** Les épées étaient-elles considérées par les chevaliers uniquement comme des objets pratiques ? Justifiez votre réponse en vous appuyant sur le texte.

② Michael Morpurgo, *Le Roi Arthur*

Dans cette réécriture d'une des légendes de la Table Ronde, Merlin l'enchanteur a conduit le futur roi Arthur jusqu'à un lac faisant office de séparation entre le monde des vivants et le monde des morts. C'est là que le jeune homme découvre Excalibur, l'épée magique qui fera de lui un roi.

Sous mes yeux, la surface de l'eau se rida et s'ouvrit. Et, à ma profonde stupeur, je vis émerger du lac une épée scintillante, brandie par une main que prolongeait un bras gaîné de soie blanche.

Voilà votre réponse, chuchota Merlin ; cette épée s'appelle Excalibur.[...]

J'aperçus une barque échouée dans les roseaux. D'où elle venait et comment elle était arrivée là, je l'ignore.

Dès que je fus dans la barque, elle se mit en mouvement et glissa sans bruit sur les eaux noires en direction du bras dressé au milieu du lac. Lorsque nous en fûmes tout proches, elle ralentit jusqu'à s'arrêter une seconde, juste le temps pour moi de tendre la main et d'empoigner l'épée par la lame. Le bras s'enfonça dans le lac, et je le suivis des yeux jusqu'à ce que le dernier doigt ait disparu.

Je m'assis au fond de la barque et regardai l'épée posée sur mes genoux. Sa poignée, incrustée d'or et de pierreries, s'adaptait à ma main mieux qu'aucune de celles que j'avais tenues jusque-là. Sa lame était la plus importante jamais vue, et cependant elle me paraissait aussi légère qu'une plume,

Tristan et Iseult

comme si elle était un prolongement de mon bras et non une arme.

Elle est devenue muette, et c'est un accident qui a fait reculer son mariage.

Michael Morpurgo, *Le Roi Arthur,* traduction
Noël Chassériau, © Éditions Gallimard Jeunesse, 1998.

Questions sur le texte ❷

A. Qui le pronom « je » désigne-t-il ? De quoi le personnage-narrateur est-il témoin ?

B. En quoi l'apparition et l'aspect de l'épée relèvent-ils du merveilleux ?

C. Décrivez l'affiche p. 145.

❸ Anne-Marie Cadot-Colin, *Perceval ou le conte du Graal*

Anne-Marie Cadot-Colin reprend un récit de Chrétien de Troyes (auteur du XIIe siècle), celui de Perceval, un des chevaliers de la Table Ronde, parti à la recherche du Graal, le vase sacré qui aurait contenu le sang du Christ.

Perceval, ayant brisé son épée lors d'un combat, veut rejoindre le forgeron Trébuchet qui seul peut la réparer. Mais deux terribles dragons enchaînés défendent l'entrée du château. Perceval décide de les affronter.

Les habitants de la ville étaient accourus pour se rassembler autour de lui. Ils le supplièrent :

Seigneur, n'y allez pas, par pitié de vous-même. Voulez-vous donc mourir ? Abandonnez cette idée ! Nous avons vu beaucoup de vaillants chevaliers périr misérablement, brûlés par le feu que ces maudits dragons jettent par la gueule. Vous n'y pourrez résister !

Mais Perceval n'hésita pas. Il plaça son écu devant son visage pour se garder des flammes et invoqua la protection de Dieu. Le voilà sur le pont face aux deux bêtes terrifiantes. Quand les dragons le virent venir, ils semblèrent pris de folie. Chacun hérissait sa crête, jetant d'ardentes flammes ; ils tiraient de toutes leurs forces sur leurs chaînes pour l'atteindre. Mais Perceval brandit sa grande hache et d'un coup trancha les deux pattes d'un des dragons, qui fut forcé de reculer. L'autre se précipita vers lui et ficha dans son écu ses griffes d'acier, si profondément qu'il lui était impossible de s'en débarrasser. Perceval le lui abandonna : le dragon tout empêtré[1] ne put rien faire quand il leva sa hache. Il lui trancha le cou, et la tête, noire et hideuse, tomba dans l'eau. L'autre dragon accourut et frappa le chevalier de sa queue monstrueuse. Perceval fut renversé, mais, bondissant sur ses pieds, il courut à nouveau vers lui : avec rage, il abattit la hache dans sa gueule, si profondément qu'il atteignit les entrailles. Une fumée ardente s'en échappa, manquant de le brûler, mais le dragon était bien mort.

Anne-Marie Cadot-Colin, d'après Chrétien de Troyes,
Perceval ou le Conte du Graal,
© Le Livre de Poche jeunesse, 2014.

Questions sur le texte

A. Que craignent les habitants de la ville au début du texte ? À qui s'adressent-ils ? Quel conseil donnent-ils ?

B. Au cours du combat, quelles qualités du chevalier sont mises en avant ?

C. Comment se termine le combat ? La fin était-elle prévisible ?

Note 1. Empêtré : embarrassé

CHEVALERIE D'HIER ET D'AUJOURD'HUI

4) John Ronal Reul Tolkien, *Le Seigneur des Anneaux*, *1. La Fraternité de l'Anneau*

Frodo est un hobbit ; il appartient au peuple des petites créatures pacifiques. Lorsque son oncle meurt, il reçoit en héritage l'Anneau magique. Son ami Gandalf l'avertit : l'Anneau a aussi des pouvoirs dangereux. Alors, pour mettre son peuple hors de danger, Frodo décide de partir avec quelques compagnons : Sam, son serviteur, Pippin et Merry…

En bordure du petit vallon, du côté opposé à la colline, ils sentirent plutôt qu'ils ne virent une ombre monter : une ombre, ou plusieurs. Ils plissèrent les yeux, et les ombres parurent grandir. Bientôt, il n'y eut plus aucun doute : trois ou quatre grandes silhouettes noires se tenaient là et les regardaient d'en haut. Elles étaient si obscures qu'on eût dit des trous noirs parmi les ombres derrière eux. Frodo crut entendre un faible sifflement, comme un souffle venimeux, et il eut la sensation d'un froid effilé et pénétrant. Puis les formes avancèrent lentement.

La terreur eut raison de Pippin et Merry, et ils se jetèrent face contre terre. Sam se recroquevilla près de son maître. Frodo n'était guère moins terrifié que ses compagnons : il tremblait, comme saisi par un froid glacial ; mais sa terreur fut engloutie par une soudaine tentation de mettre l'Anneau. Ce désir le subjugua entièrement, et il ne put songer à autre chose. Il n'oubliait pas le Tertre, ni le message de Gandalf ; mais on eût dit que quelque chose le pressait d'agir au mépris de tous les avertissements, et il avait fort envie de céder. Non dans l'espoir de s'échapper ou de faire quoi que ce soit de bien ou de mal : il sentait simplement qu'il devait prendre l'Anneau et le mettre à son doigt. Il ne pouvait parler. Il sentait que Sam le regardait (comme s'il percevait un grand trouble chez son maître), mais il lui était impossible se tourner vers lui. Il ferma les yeux et lutta quelques instants ; mais toute résistance finit par devenir

Dossier Biblio collège

insupportable, et il tira lentement sur la chaîne pour enfin passer l'Anneau à l'index de sa main gauche.

Instantanément, bien que le reste demeurât comme avant, sombre et indistinct, les formes lui apparurent avec une terrible netteté. Il pouvait voir sous leurs enveloppes noires. Il y avait cinq formes de taille imposante : deux se tenaient en bordure du vallon, trois avançaient. Dans leurs visages blancs brûlaient des yeux perçants et sans merci[1] ; sous leurs capes se voyaient de longues robes grises ; sur leurs cheveux gris étaient des heaumes d'argent ; dans leurs mains morbides se dressaient des épées d'acier. Leurs regards tombèrent sur Frodo et le transpercèrent, tandis qu'ils se ruaient sur lui. Désespéré, il tira sa propre épée : elle lui parut luire d'un éclat rouge et tremblotant, tel un brandon[2]. Deux des spectres s'arrêtèrent. Le troisième était plus grand que les deux autres : ses cheveux étaient longs et luisants, et une couronne était posée sur son heaume. Il tenait dans une main une épée longue, dans l'autre un poignard ; et une pâle lumière émanait, tant du poignard que la main qui le tenait. Il s'élança et fonça sur Frodo.

John Ronald Reul Tolkien, *Le Seigneur des Anneaux, 1. La Fraternité de l'Anneau,* traduction Daniel Lauzon, © Christian Bourgeois Éditeur pour la traduction française, 2014.

Questions sur le texte

A. Quel sentiment Frodo et ses amis éprouvent-ils à la vue des ombres ? Indiquez les manifestations physiques de ce sentiment.

B. Frodo hésite à prendre l'Anneau. Peut-on deviner pourquoi ?

C. Relevez le vocabulaire situant les créatures dans un univers médiéval.

Notes

1. Sans merci : sans pitié.

2. Brandon : braise, débris de bois enflammé.

6) Et par ailleurs...

L'amour impossible conté dans le mythe de Tristan et Iseult est une thématique encore très présente de nos jours dans la littérature et les arts. L'univers merveilleux (géant, dragons...) de *Tristan et Iseult* et des autres récits de chevalerie est par ailleurs une source d'inspiration pour de nombreux artistes anciens ou modernes.

AU CINÉMA

Deux films explorent le mythe de Tristan et Iseult. *L'Éternel Retour* (1943) de Jean Cocteau et Jean Delannoy donne une version moderne de la légende. En 2006, Kevin Reynolds réalise *Tristan & Yseult*, mais l'histoire n'est pas tout à fait conforme à la version originale.

La légende arthurienne a inspiré de nombreux cinéastes. Eric Rohmer réalise en 1978 *Perceval le Gallois*, fidèle au roman de Chrétien de Troyes. En 1981, John Boorman raconte l'épopée du roi Arthur et la création des chevaliers de la Table ronde dans *Excalibur*. Suivent *Lancelot* de Jerry Zucker (1995), *Le Roi Arthur* d'Antoine Fuca (2004)…

Les archéologues, héros du film d'aventure réalisé par Steven Spielberg en 1989, *Indiana Jones et la dernière croisade*, partent à leur tour à la recherche du Graal.

SUR LA TOILE... DU PEINTRE

Diverses enluminures datant du Moyen Âge sont toujours visibles dans les musées. Les peintres dits « préraphaélites » qui, à partir du milieu du XIXe siècle, imitent la peinture des maîtres italiens du XVe siècle, trouvent dans la légende de Tristan et Iseult une importante source d'inspiration.

Cherchez sur Internet les tableaux suivants :

- *End of The Song* (1902) d'Edmund Blair Leighton ;

- *Tristan et Iseut boivent le philtre* (1906) de John William Waterhouse ;

■ ET PAR AILLEURS...

- *La Mort de Tristan* (1902) de Harry Mileham.

Ou bien dans la barre de recherche, tapez «Préraphaélites et Tristan-Iseult», vous découvrirez un ensemble d'œuvres illustrant le mythe avec force couleurs.

ET MAINTENANT MUSIQUE, MAESTRO WAGNER!

Richard Wagner a écrit au XIXᵉ siècle un opéra très connu (*Tristan und Isolde*) d'après la légende de Tristan et Iseult. Laissez-vous envouter par le prélude du premier acte.

QUELQUES LIVRES À DÉCOUVRIR

Sur l'amour désespéré :

- *Lancelot ou le chevalier à la charrette* de Chrétien de Troyes (XIIᵉ siècle). Lancelot tombe éperdument amoureux de la reine Guenièvre, épouse du roi Arthur.

- *Roméo et Juliette* de William Shakespeare (XVIᵉ siècle) : les familles Montaigu et Capulet se déchirent. Un jour, lors d'un bal masqué, les deux jeunes héritiers, Roméo Montaigu et Juliette Capulet, se rencontrent et tombent follement amoureux.

- *Le Cid* de Corneille (XVIIᵉ siècle) : Rodrigue aime Chimène et est aimé d'elle. Les amoureux doivent se marier. Mais une querelle éclate entre leurs deux pères. Rodrigue tue le père de Chimène qui, désormais, n'a d'autre choix que de réclamer vengeance à son tour, bien qu'elle aime encore Rodrigue.

Sur l'univers médiéval mis au goût du jour :

Au XIXᵉ siècle : *Ivanhoé* de Walter Scott (1819) est une histoire d'amour sur fond de croisades du Moyen Âge. *Notre-Dame de Paris* de Victor Hugo (1831-1832) : dans le Paris de la fin du Moyen Âge, la jeune et belle gitane Esmeralda fait tourner les cœurs des hommes. On y rencontre le sonneur de cloches Quasimodo.

Au XXᵉ siècle : deux romans anglais appartiennent au genre appelé «l'heroic fantasy», mêlant des éléments du Moyen Âge à un monde imaginaire: *Le Seigneur des Anneaux* de J.R.R Tolkien et *Narnia* de C.S. Lewis, dans lequel les animaux parlent, les bêtes mythiques abondent et où la magie est courante.

ET PAR AILLEURS...

LES JEUX

Beaucoup de figurines, de jeux vidéo, de jeux de cartes, de jeux de rôles et de jeux de plateaux se situent dans l'univers des créatures fabuleuses héritées du Moyen Âge : le jeu vidéo *Age of Empires* ou le jeu de rôle *Donjons et dragons* par exemple.

CONSEILS de LECTURE

• Dans la collection « Bibliocollège », des romans médiévaux de Chrétien de Troyes : *Lancelot ou le Chevalier de la charrette*, *Perceval ou le Conte du Graal*, *Yvain ou le Chevalier au lion*.

• Jacques Cassabois, *Le Chevalier Tristan*, Le Livre de poche jeunesse, 2007. L'histoire de Tristan et Iseult est fidèlement suivie et même prolongée.

Achevé d'imprimer en avril 2020 Espagne par BlackPrint - Dépôt légal : avril 2019 - Édition : 02 - 35/2765/2

Crédits photographiques :
Illustration des titres de chapitres : scène d'amour entre la reine Iseult et Tristan, *Le Roman de la poire*, XIIIe siècle, © Hachette Livre. **p. 4 :** Rol, © BNF. **p. 9 :** l'embarquement de Tristan et Iseult, manuscrit du XVe siècle © Namur-Lalance/DR. **p. 12 :** © Hachette Livre. **p. 17 :** © DR. **p. 27 :** © Bulloz. **p. 32 :** © Hachette Livre. **p. 40 :** © Hachette Livre. **p. 57 :** © Hachette Livre. **p. 78 :** © collection Christophe L. **p. 85 :** © Hachette Livre. **p. 111 :** © Namur-Lalance/Sipa Icono. **p. 126 :** © Shutterstock. **Versos de la couverture :** © Hachette Livre et Collection Christophel © Orion pictures / DR.

Avec nos remerciements à Alain Temanni pour le chevalier, page 28.

La bande dessinée sur les origines de l'œuvre, pages 5 à 8, a été réalisée par Sébastien Azzi.

Maquette de couverture : Stéphanie Benoit
Maquette intérieure : GRAPH'in-folio
Composition/mise en pages : APS - Stéphane Tanguy
Édition : Ludivine Boulicaut

Dans la même collection

ANONYMES
  Ali Baba et les quarante voleurs (37)
  Fabliaux du Moyen Âge (20)
  Gilgamesh (83)
  La Bible (15)
  La Farce de Maître Pathelin (17)
  Le Roman de Renart (10)
  Les Mille et Une Nuits (93)
  Tristan et Iseult (11)

ANTHOLOGIES
  L'Autobiographie (38)
  Dire l'amour, de l'Antiquité à nos jours (91)
  L'Héritage romain (42)
  Poèmes 6e-5e (40)
  Poèmes 4e-3e (46)
  Textes de l'Antiquité (63)
  Textes du Moyen Âge et de la Renaissance (67)
  Théâtre pour rire 6e-5e (52)

ALAIN-FOURNIER
  Le Grand Meaulnes (77)

ANDERSEN
  La Petite Sirène et autres contes (27)

BALZAC
  Le Colonel Chabert (43)
  Eugénie Grandet (82)

BAUDELAIRE
  Le Spleen de Paris (29)

CARROLL
  Alice au pays des merveilles (74)

CHÂTEAUREYNAUD
  Le Verger et autres nouvelles (58)

CHRÉTIEN DE TROYES
  Lancelot ou le Chevalier de la charrette (62)
  Perceval ou le Conte du Graal (70)
  Yvain ou le Chevalier au lion (41)

CHRISTIE
  La mort n'est pas une fin (3)
  Nouvelles policières (21)

CORNEILLE
  Le Cid (2)

COURTELINE
  Comédies (69)

DAUDET
  Lettres de mon moulin (28)

DES MAZERY
  La Vie tranchée (75)

DOYLE
  Scandale en Bohême et autres nouvelles (30)
  Le Chien des Baskerville (49)

FLAUBERT
  Un cœur simple (31)

GAUTIER
  La Cafetière et autres contes fantastiques (19)
  Le Capitaine Fracasse (56)

GREENE
  Le Troisième Homme (79)

GRIMM
  Contes (44)

HOMÈRE
  Odyssée (8)

HUGO
  Claude Gueux (65)
  Les Misérables (35)

JARRY
  Ubu Roi (55)

LABICHE
  Le Voyage de Monsieur Perrichon (50)

LA FONTAINE
  Fables (9)

LEPRINCE DE BEAUMONT
  La Belle et la Bête et autres contes (68)

LÉRY
  Voyage en terre de Brésil (26)

Dans la même collection (suite et fin)

LONDON
   L'Appel de la forêt (84)
MARIVAUX
   L'Île des esclaves (94)
MAUPASSANT
   Boule de Suif (60)
   Le Horla et six contes fantastiques (22)
   Nouvelles réalistes (92)
   Toine et autres contes (12)
MÉRIMÉE
   La Vénus d'Ille (13)
   Tamango (66)
MOLIÈRE
   George Dandin (45)
   L'Avare (16)
   Le Bourgeois gentilhomme (33)
   L'École des femmes (24)
   Les Femmes savantes (18)
   Les Fourberies de Scapin (1)
   Les Précieuses ridicules (80)
   Le Malade imaginaire (5)
   Le Médecin malgré lui (7)
   Le Médecin volant – L'Amour médecin (76)
MONTESQUIEU
   Lettres persanes (47)
MUSSET
   Les Caprices de Marianne (85)
NÉMIROVSKY
   Le Bal (57)
OBALDIA
   Innocentines (59)
OLMI
   Numéro Six (90)
PERRAULT
   Contes (6)
POE
   Le Chat noir et autres contes (34)
   Le Scarabée d'or (53)
POPPE
   Là-bas (89)
RABELAIS
   Gargantua – Pantagruel (25)
RACINE
   Andromaque (23)
   Iphigénie (86)
RENARD
   Poil de carotte (32)
ROSTAND
   Cyrano de Bergerac (95)
SAGAN
   Bonjour tristesse (88)
SAND
   La Mare au diable (4)
SHAKESPEARE
   Roméo et Juliette (71)
STENDHAL
   Vanina Vanini (61)
STEVENSON
   L'Île au trésor (48)
STOKER
   Dracula (81)
VALLÈS
   L'Enfant (64)
VERNE
   Le Tour du monde en quatre-vingts jours (73)
   Un hivernage dans les glaces (51)
VILLIERS DE L'ISLE-ADAM
   Contes cruels (54)
VOLTAIRE
   Micromégas et autres contes (14)
   Zadig ou la Destinée (72)
WILDE
   Le Fantôme de Canterville (36)
ZOLA
   Jacques Damour et autres nouvelles (39)
   Au bonheur des dames (78)
ZWEIG
   Le Joueur d'échecs (87)